기독교문서선교회(Christian Literature Center: 약칭 CLC)는 1941년 영국 콜체스터에서 켄 아담스에 의해 시작되었으며 국제 본부는 미국 필라델피아에 있습니다.
국제 CLC는 59개 나라에서 180개의 본부를 두고, 약 650여 명의 선교사들이 이동 도서차량 40대를 이용하여 문서 보급에 힘쓰고 있으며 이메일 주문을 통해 130여 국으로 책을 공급하고 있습니다. 한국 CLC는 청교도적 복음주의 신학과 신앙 서적을 출판하는 문서선교기관으로서, 한 영혼이라도 구원되길 소망하면서 주님이 오시는 그날까지 최선을 다할 것입니다.

추천사 1

이 동 원 목사
함께 놀이마당에서 묵상을 즐기는 동역자, 지구촌교회 창립·원로

"놀고 있는 목사의 하루 묵상"이란 말이 맘에 들었습니다.

인생은 결국 한평생 이렇게 저렇게 놀다 가는 것, 때로 너무 심각하게 인상만 쓰다가 가야 한다면 차라리 놀이마당에서 놀던 흔적이라도 남길 수 있기를!

이 책은 부담 없이 읽히는 책이라 부담이 없네요. 책의 저자 안광선 목사님의 캐릭터의 반영일 듯합니다. 그냥 놀면서 읽어도 되는 책입니다. 그러나 놀이 속에 던져지는 의미들과 만날 수 있다면 이 책을 읽은 시간을 후회할 필요가 없습니다.

천상병 시인처럼 소풍 끝내며 아름답다고 말하듯 이 책 다 읽고 책 덮고 아름답다고 말할 수 있다면 우리의 인생놀이 믿음놀이도 회한이 없을 겁니다. 심각하고 분주한 시간 보내다가 놀고 싶은 독자들에게 이 책을 천거합니다.

추천사 2

김요셉 목사
중앙기독학교 이사장·원천침례교회 담임

교회 다닌다는 것은 단순히 주일에 교회에 갔다 오는 것이 아닙니다. 교회에 다니기 시작하면 주일예배를 비롯해서 각종 예배에 참석해야 합니다. 십일조를 비롯한 헌금생활을 해야 하고, 기도생활과 말씀 묵상도 해야 합니다. 주일이면 봉사도 해야 합니다. 그것도 아주 열심히 해야 합니다. 그런데 우리 그리스도인들 대부분은 자신들이 그 일을 잘하고 있다고 생각하지 못합니다. 오히려 늘 하지 못한 일들 때문에 힘들어 하고 있습니다.

그런데 저자는 그리스도인들에게 열심히 하지 않아도, 잘하지 않아도, 완벽하지 않아도, 무엇보다 실패해도 된다고 이야기합니다. 그리스도인의 부족함의 자리가 곧 주님을 만나는 자리이자 축복의 자리이기 때문이라는 겁니다.

저자의 책 『놀고 있는 목사의 하루 묵상: 하나님이 멈추게 하실 때』는 바로 그 이야기, 저자의 부족함에 대한 이야기이고, 바로 그 자리에서 주님의 이름으로 살아가는 이야기입니다. 그래서 이 책은 신앙생활이 어려운 그리스도인이 한번 읽어 볼 만한 이야기입니다.

추천사 3

김 유 열 사장
한국교육방송공사(EBS)

『놀고 있는 목사의 하루 묵상』의 제목이 모든 걸 말해 주는 것 같습니다. 우리는 과욕, 의지, 집착, 경쟁과 성취의 시대를 살고 있습니다. 실은 우리는 누구나 좌절과 절망과 실패를 맛보며 살아 내고 있습니다. 현대인의 삶은 아프고 고달픕니다.

이 책은 수고하고 무거운 짐 진 자들에게 쉬게 해 주시겠다고(마 11:28) 말씀하셨던 예수님의 가르침을 실존적으로 해석한 책과 같습니다. 고달프고 아프고 절망하며 실패하는 현대인에게 삶의 위안과 지혜와 용기를 줍니다.

"아프고 절망하고 실패한 자여!
이 책을 보라. 그러면 편안함을 얻으리라."

이 책은 이렇게 말하는 것 같습니다.
인생에서 막히는 순간, 일이 잘 풀리지 않을 때 저자는 말합니다.

> 우리는 계속해서 돌파하려는 치열한 노력을 내려놓고, 투덜거림이 아니라 조용히 멈춰야 하며, 우리 기대보다 많이 느려져도 포기하지 않고 하나님의 일하심을 기다려야 합니다.

많은 현대인이 멈추라는 적신호등 앞에서도 무단 횡단하는 삶을 살아갑니다. 그러다가 사고를 당하는 것입니다. 그러나 그때는 이미 늦습니다.

저자는 100개 성경 말씀과 에피소드로 책을 구성했습니다. 에피소드 가운데 '우리는 이미 기적 위에 서 있습니다', '기대를 조금 낮춰도 됩니다', '미리 걱정하지 마세요', '아무것도 안 할래요', '우리 모습 그대로', '작은 것 하나면 됩니다', '흘러가는 대로 살기' 등과 같은 이야기는 지치고 아픈 현대인에게 회복제와도 같습니다. 멈추게 하실 때 멈추면 은혜가 온다고 말합니다.

이 책은 그냥 어느 목사의 전문적인 성경 주석서가 아닙니다. 방대한 성경 중에서도 살아가면서 반드시 생각해 볼 만한 구절을 선택하여 저자의 실제 인생 이야기와 종횡으로 엮은 다큐멘터리입니다. 진실의 소리입니다. 동양적인 자연철학도 엿볼 수 있습니다. 쉽고 편안하고 공감이 갑니다. 누구나 읽으면 살아가는 데 깊은 위안을 얻을 것입니다.

추천사 4

김 관 성 목사
낮은담침례교회 담임

　안광선 목사님의 책, 『놀고 있는 목사의 하루 묵상』 원고를 한숨에 읽었습니다. 안광선 목사님의 글은 짧지만 깊은 여운을 남깁니다. 어떤 고민이 실제 글이 되고 묵상이 되고 하나님 말씀을 적용하는 건 결코 쉬운 일이 아닙니다. 우리가 살아가는 실제 삶에 대한 고민을 가지고 치열하게 하나님 말씀을 묵상하고 적용해 본 사람만이 기록할 수 있습니다.
　안광선 목사님의 글은 우리 삶과 일상의 주제와 고민 가운데 역사하시는 하나님과 그분의 말씀에 조금 더 민감하게 반응할 수 있도록 이끕니다. "하나님이 서게 하셨다면 또 하나님이 움직이게 하실 것이라고 믿는 믿음"이 우리를 이끌어 갑니다. 우리의 치열한 삶과 일상에서 하나님과 그분의 말씀에 조금 더 민감하게 반응하고자 하는 모든 분께 일독을 권합니다.

추천사 5

최 병 락 목사
강남중앙침례교회 담임·월드사역연구소 소장
『부족함』, 『바람을 잡는 그대에게』 저자

    이 책은 저자가 삶에서 거둬들인 재료들로 만든 하루 분량의 영적 식사와 같습니다. 그런데 끼니마다 성찬입니다.
    저자의 글은 하나님께로 가는 친절한 안내서입니다. 추상적으로 알던 하나님을 구체화하고, 지나치기 쉬운 일상을 붙들어 그 속에 계신 하나님을 찾아냅니다. 흐르는 시간을 붙들어 놓고 그 속에 호흡하는 하나님의 숨결을 듣게 합니다. 잘못 알고 있는 것을 고쳐 주고, 흐릿하게 알던 것을 또렷이 보여 줍니다.
    하나하나의 글이 담백합니다. 또한, 쉽지만 가볍지 않습니다. 한 장 한 장 책장을 넘기는 중에 독자들은 어느새 하나님과 더 가까워져 있음을 느끼게 될 것입니다. 귀한 책을 삶으로, 글로 옮겨 주신 저자에게 감사를 표합니다.

추천사 6

김 주 영 목사
원천드림교회 담임

안광선 목사님의 삶의 여정 속에서 길어낸 깊은 묵상으로 여러분을 초대합니다. 한 번쯤 생각하고 지나갔을 일상의 순간에 하나님의 섬세한 인도하심을 함께 경험하게 될 것입니다. 반전 있는 제목은 결국 마지막에 '아하!' 하면서 함께 공감하게 될 것입니다.

『놀고 있는 목사의 하루 묵상』은 믿음생활을 막 시작하려고 하는 분들이나, 믿음생활 가운데 많은 어려움과 상처가 있으셨던 분들에게 위로와 확신을 다시 심어 줄 것입니다. 묵상과 함께 제공되는 삽화는 마음 속 깊이 새겨지는 감탄으로 다가올 것입니다.

부디 『놀고 있는 목사의 하루 묵상』을 만나게 될 미래의 독자들에게 놀라운 은혜와 위로의 시간이 되시기를 기도합니다.

하나님이 멈추게 하실 때
놀고 있는 목사의 하루 묵상

A Daily Devotion of an Unemployed Pastor: When God Calls to Pause
Written by Kwangsun An
Illustrated by Jayoung Go
All rights reserved.
Korean Edition Copyright © 2023 by Christian Literature Center, Seoul, Korea.

놀고 있는 목사의 하루 묵상
하나님이 멈추게 하실 때

2023년 6월 7일 초판 발행

지 은 이 | 안광선
그 린 이 | 고재영(고 작)

편　　 집 | 전희정
디 자 인 | 서민정
펴 낸 곳 | (사)기독교문서선교회
등　　 록 | 제16-25호(1980. 1. 18.)
주　　 소 | 서울 동대문구 천호대로71길 39
전　　 화 | 02-586-8761~3(본사) 031-942-8761(영업부)
팩　　 스 | 02-523-0131(본사) 031-942-8763(영업부)
이 메 일 | clckor@gmail.com
홈페이지 | www.clcbook.com
송금계좌 | 기업은행 073-000308-04-020 (사)기독교문서선교회
일련번호 | 2023-50

ISBN 978-89-341-2555-6 (03230)

이 책의 출판권은 (사)기독교문서선교회가 소유합니다.
신저작권법에 의하여 한국 내에서 보호를 받는 저작물이므로 무단 전재와 무단 복제를 금합니다.

하나님이 멈추게 하실 때
놀고 있는 목사의 하루 묵상

어디로 가니?
같이 걸어가 줄게
끝 까지…

CLC

차례

추천사 1　**이동원 목사** | 지구촌교회 창립, 원로 · 1
추천사 2　**김요셉 목사** | 중앙기독학교 이사장, 원천침례교회 담임 · 2
추천사 3　**김유열 사장** | 한국교육방송공사(EBS) · 3
추천사 4　**김관성 목사** | 낮은담침례교회 담임 · 5
추천사 5　**최병락 목사** | 강남중앙침례교회 담임 · 6
추천사 6　**김주영 목사** | 원천드림교회 담임 · 7

들어가며　　　　　　　　　　　　　16
#1. 하나님은 내비게이션이 아니다　　19
#2. 하나님은 대문자 G입니다　　　　21
#3. 믿음은 원래 보이지 않아요　　　　23
#4. 왜 변화하지 않을까요?　　　　　　26
#5. 가난함을 좋아하지 않지만　　　　28
#6. 기억은 하나님을 보게 합니다　　　30
#7. 왜 하필 그곳에　　　　　　　　　32
#8. 수동(受動)의 축복　　　　　　　35
#9. 아버지께로 돌아가기　　　　　　37
#10. 우리는 길동무입니다　　　　　　40
#11. 우리는 이미 기적 위에 서 있습니다　43
#12. 내가 구원받은 증거　　　　　　　46
#13. 기대를 조금 낮춰도 됩니다　　　48
#14. H 권사님과의 대화 중에서　　　51
#15. 하나님을 볼 수 있는 겨자씨만 한 믿음　54
#16. 하나님 많이 주세요　　　　　　　57
#17. 일용할 믿음　　　　　　　　　　59

#18. 기도해야 하는 이유   62
#19. 25달러의 기억   64
#20. 하나님이 일하시는 방법   67
#21. 하나님이 기도를 들으시는 이유   69
#22. 한국 교회에 위기?   72
#23. 우리가 열매 맺는 것이 아닙니다   74
#24. 믿음은 자라고 있어요   77
#25. 하나님의 협박   80
#26. 흡연실   83
#27. 하나님의 사기   86
#28. 내 이름으로 살아가기   89
#29. 조금 교만해도 되지 않을까요?   91
#30. 신천지 신도와의 만남에서   94
#31. 하나님 앞에 솔직하게   97
#32. 예수님의 마지막을 함께한 이들   100
#33. 하나님, 두 주인은 안 될까요?   103
#34. 구원의 확신은 과정입니다   106
#35. 미리 걱정하지 마세요   108
#36. 망해야 되는 이유   111
#37. 어떻게 살아야 할까요?   114
#38. 우리의 착각   117
#39. 하나님 이번에는 우리가 한번 해 볼게요   120
#40. 모두가 죄인인 이유   123
#41. 베드로의 실패   126
#42. 하나님의 의   129
#43. 아무것도 안 할래요   132
#44. 사탄의 유혹   135
#45. 기도를 쉽게 합시다   138

#46. 우리 모습 그대로   142
#47. 하나님은 왜 그러시는 걸까요?   145
#48. 우리 말이 바뀌어야 합니다   149
#49. 원래 힘든 삶이니까요   152
#50. 오늘 하루 평범하게   155
#51. 하나님이 멈추게 하실 때   157
#52. 넘어지면 일어나는 일   160
#53. 작은 것 하나면 됩니다   162
#54. 주를 향해 뻗어 나가기   165
#55. 하나님의 초대   167
#56. 주님은 아십니다   170
#57. 성령 충만?   172
#58. 은혜 아니면 안 되네요   175
#59. 하나님, 지금 여기 맞나요?   177
#60. 예수님이 제자들을 찾으신 이유   180
#61. 하나님 다음에는 어디입니까?   183
#62. 유다의 뉘우침   187
#63. 퍼즐 한 조각   189
#64. 하나님이 우리와 함께하시는 방법 192
#65. 무지개, 하나님의 약속   194
#66. 첫사랑의 회복   196
#67. 말씀으로 채워 가기   198
#68. 요나의 순종   200
#69. 미세한 소리   202
#70. 탐심, 매일의 숙제   204
#71. 오늘은 어떤 일이   206
#72. 복음 사용법   209
#73. 회개의 마지막 자리   211

#74. 소풍 가기 전날 같은   214
#75. 우리를 제대로 봅시다   217
#76. 은혜 찾기   220
#77. 오늘 하루가 평안했으면   222
#78. 나무의 나이테처럼   225
#79. 엠마오로 가는 제자들   227
#80. 내 안에 남아 있는 옹이는   230
#81. 죽어야 하는 이유   232
#82. 이제 거의 다 왔습니다   235
#83. 예수님의 눈이 향한 곳   238
#84. 골든벨   241
#85. 두 곳을 바라보기   243
#86. 한 가지 분명한 것은   246
#87. 우리 삶이 흔들릴 때   249
#88. 다니엘처럼   252
#89. 몸에서 힘 빼기   255
#90. 염치없어도 됩니다   258
#91. 언제까지 애굽   261
#92. 주님을 아는 지식   264
#93. 흘러가는 대로 살기   266
#94. 다시 둘째 아들로   269
#95. 우리를 주님께 향하게 하는 소리   271
#96. 말씀 한 구절   274
#97. 예수님이 늦으신 이유   277
#98. 유혹을 넘어서기   280
#99. 소금으로 살아가기   283
#100. 하루 시작을 기도로   286

들어가며

안 광 선 목사

　필자는 지금 놀고 있습니다. 2018년 6월 말, 캐나다 리자이나에 있는 우리교회(현 벧엘교회) 사역을 마치고 한국에 돌아온 이후 침례교 국내선교회에서 직장생활을 잠시 했지만 필자가 있어야 할 곳은 교회라는 마음에 사직했습니다. 하지만 뜻대로 되지 않았습니다. 거의 4년이라는 시간 동안 담임목사를 청빙하는 교회에 지원했으나 잘 되지 않았고, 교회를 시작하려고 했지만 역시 잘 되지 않았습니다. 그렇게 지나간 시간이 4년, 그동안 필자는 놀고 있는 목사가 되었습니다.

　2020년 11월 스스로를 캐나다의 시골 목사라고 자신을 소개하는 임진혁 목사님과 리자이나 우리교회(현 벧엘교회) 이석중 장로님으로부터 사역지를 찾는 동안 "뭐라도 해 보라"는 권유를 받고 그 자리에서 "그럼 글이나 써 볼까요"라고 하는 필자의 맞장구가 출발이었습니다.

　그렇게 시작된 글쓰기는 필자가 목사로서 그리고 한 사람의 그리스도인으로서 살아가며 생각했던 것, '예수 믿는 일이 그렇게 어렵지 않다. 그러니 예수 쉽게 믿자'는 이야기를 "신앙과 삶"이라는 제목으로 페이스북과 블로그에 올리게 되었습니다.

　필자의 글쓰기가 6개월쯤 되었을 때, 평소 알고 지내던 고재영 집사님(고작, 일러스트레이터)과 식사를 할 기회가 있었습니다. 그런데 거기서 예상 못한 일이 일어났습니다. 고재영 집사님이 필자의 글에 그림을 그려 보고 싶은데 괜찮겠냐는 제안을 하신 겁니다. 필자의 입장에서는 너무도 고마운 제안이었고, 당연히 가능한 일이었습니다.

그래서 이후 필자는 필자대로 글을 계속해서 올렸고, 고재영 집사님은 집사님대로 필자의 글에 대한 본인의 묵상을 그려 올림으로 〈안목사가 쓰고 고집사가 그리고〉가 되었습니다.

필자의 글은 신앙생활은 쉬운 것이라는 것을 이야기하려고 했습니다. 교회에서는 100점짜리 그리스도인들을 원합니다. 그러나 우리는 100점짜리 그리스도인이 될 필요가 없습니다. 물론 우리가 주님을 만나게 되는 날이 되면 100점짜리가 될 수 있을 것입니다. 하지만 지금은 아닙니다.

우리가 30점짜리 그리스도인이라면 우리의 목표는 31점짜리입니다. 그러므로 최선을 다해 100점짜리가 되려고 하지 않아도 됩니다. 우리는 그냥 31점짜리가 되면 되는 것입니다. 지금보다 1점만 올리면 되는 것, 그러니 힘들게 100점짜리에 맞추는 것이 아닌 30점짜리 우리 자신을 보고 31점을 위해 기도하는 것입니다. 그리고 이런 마음을 가진다면 우리가 그리스도인으로 살아가는 것이 힘들고 어려운 일이 아닌 수많은 감사의 이유들이 될 수 있을 것입니다.

필자의 글은 "더 열심히 해야 한다"에 대한 부담을 가지고 살아가는 그리스도인들, 반대로 "아직도 부족하다"는 마음을 가지고 살아가는 그리스도인들이 읽었으면 합니다. 더 열심히 해야 한다고 생각하는 그리스도인들은 이미 충분히 잘하고 있다는 것을 알았으면 하고, 또 스스로가 아직 부족하다고 느끼는 그리스도인들은 전혀 부족하지 않다는 마음을 가졌으면 합니다.

더 나아가 그리스도인들 모두가 자신들이 생각하는 실패, 부족함이 일종의 저주가 아닌 하나님께 한 번 더 기도할 수 있고, 한 번 더 기대할 수 있게 하는 축복의 자리라는 것을 알았으면 합니다. 그리하여 그리스도인들의 신앙생활이 기쁨이 있고 위로가 있으며 쉼을 찾는 데 도움이 되었으면 합니다.

이 책이 나오기까지 도움을 주신 분들께 감사를 전하고 싶습니다.

먼저 지난 4년 가까운 시간을 놀고 있는 남편을 구박하지 않고 항상 옆을 지켜 주었던 아내, 사고 싶은 것이 많이 있지만 아빠가 취업(?)이 될 때까지 기다려 주고 있는 아이들, 수동적인 기다림의 시간을 보내고 있던 저에게 "뭐라도 해 보라"고 옆구리를 찔러 주었던 캐나다 시골의 임진혁 목사님, 캐나다 리자이나 우리교회(현 벧엘교회) 이석중 장로님, 본인 스스로 저의 글쓰기 늪에 들어오셔서 그림으로 참여해 주신 고재영 집사님, 부족한 필자의 글에 함께해 주셨던 믿음의 길동무들, 그리고 필자의 옆구리를 찔러 책을 낼 수 있도록 유혹해 준 분들께 깊은 감사의 인사를 전합니다.

#1
하나님은 내비게이션이 아니다

한 사람이 두 주인을 섬기지 못할 것이니 혹 이를 미워하고 저를 사랑하거나 혹 이를 중히 여기고 저를 경히 여김이라 너희가 하나님과 재물을 겸하여 섬기지 못하느니라(마 6:24).

우리는 보통 이렇게 생각합니다.

'나는 지금 여기(이곳)에 서 있다. 주님이 가라고 하시면 어디든지 갈 수 있고, 또 그렇게 기도하고 있다. 하지만 하나님은 내게 어디로 가라는 말씀을 하지 않으신다. 말씀만 하시면 그곳이 어느 곳이든 충분히 갈 수 있을 것 같은데 주님은 아직 말씀하시지 않으시고, 그래서 나는 이곳에 서서 주님의 음성을 기다린다.'

그런데 아닙니다. 왜냐하면, 우리가 가는 것이 아닙니다. 우리가 운전석에 앉아 운전하고 하나님은 내가 가야 할 길을 내비게이션처럼 인도하시는 것이 아닙니다. 하나님이 다 하십니다. 하나님이 운전석에 앉아 원하시는 길로 가십니다.

그러면 우리는?

하나님께 운전석을 내어 드리고, 우리 자리, 보조석에 앉으면 됩니다.

누구든지 나와 함께 가려면 내가 가는 길을 따라야 한다. 결정은 내가 한다. 너희가 하는 것이 아니다(Anyone who intends to come with me has to let me lead. You're not in the Driver's seat; I am.)(마 6:24, 메시지성경).

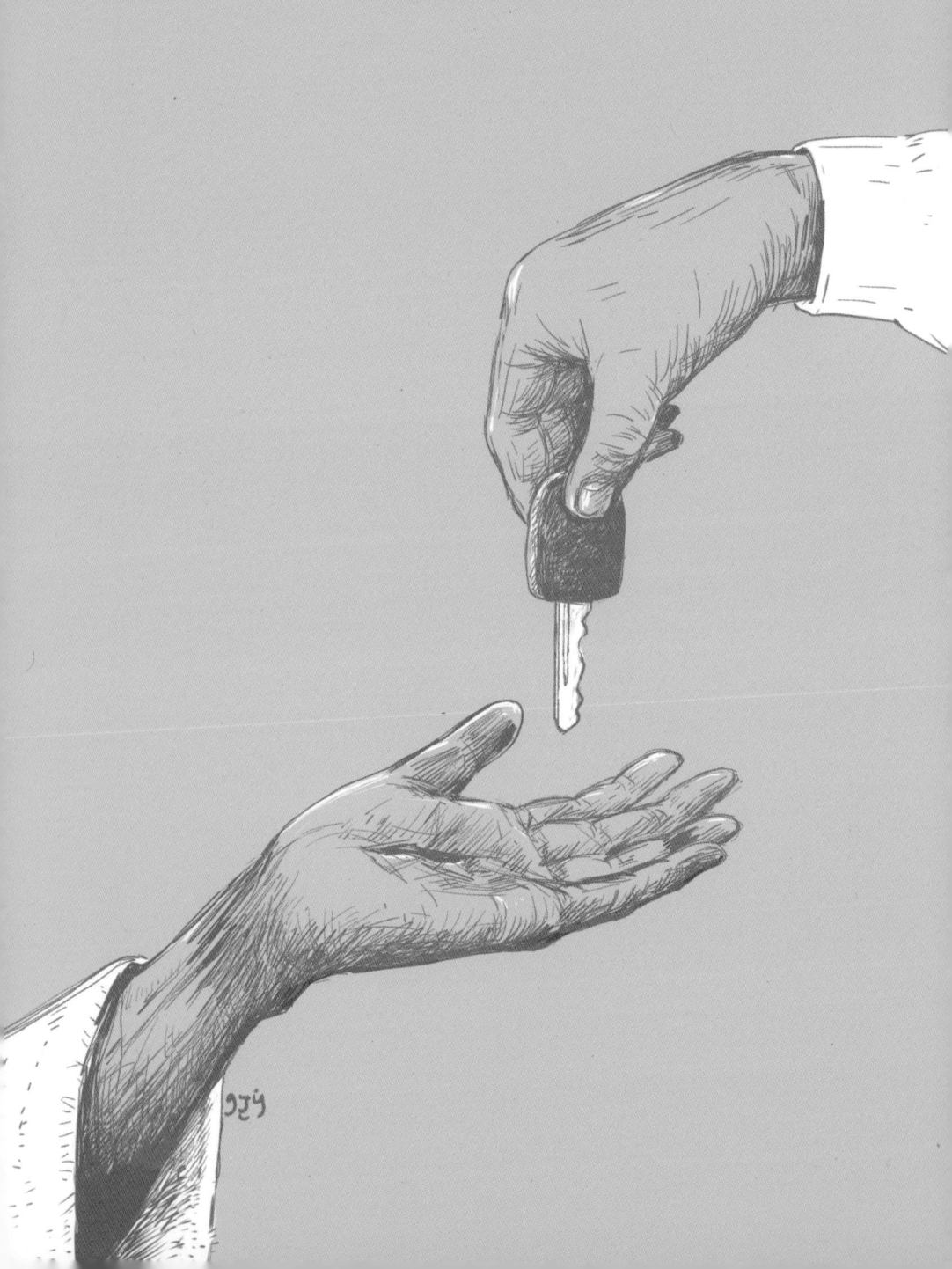

#2
하나님은 대문자 G입니다

너는 나 외에는 다른 신들을 네게 두지 말라(출 20:3).

영어 문장에서 문장을 시작하는 첫 번째 단어, 첫 알파벳은 반드시 대문자(Capital)로 표기해야 합니다. 그런데 한 가지 예외가 있는데, God(하나님)입니다. God을 표기할 때는 문장의 자리에 상관없이 반드시 대문자로 시작합니다. 이건 불문율입니다.

그런데 가끔은 소문자 g를 사용하여 god을 쓰고, 관사 a를 사용하거나 뒤에 s를 붙여서 단수나 복수로 표기하는 경우가 있습니다. 대문자 God은 당연히 우리가 알고 있는 바로 그 하나님입니다.

그렇다면 소문자로 시작하는 a god 또는 gods는?

우리가 만들어 내는, 하루에도 수없이 만들어 내는 신, 우리가 알게 또는 모르게 자발적으로 또는 비자발적으로 만들어 내고 있는 신(들)입니다.

우리가 만들어 내는 신?
정말 우리가 신을 만들고 있을까요?
만일 그렇다면 우리는 왜 신을 만들고 있는 걸까요?

그렇습니다. 우리는 신을 만들어 내고 있습니다.

미국에서 공부할 당시 스타벅스에서 미국인 여성과 부딪힌 일이 있었습니다. 서로 보지 못해서 일어난 일이기에 누가 먼저일 것 없이 미안하다고 인사를 했습니다. 그런데 갑자기 이 여성이 바닥에 떨어져 있던 페니(1센트) 2개를 발견하고는 주워서 하나는 자신이 갖고, 다른 하나는 저에게 주면서 너무도 환한 얼굴로 말했습니다.

"This is Lucky Penny!"

처음에는 무슨 말인지 몰랐습니다.

행운의 동전이라니?

전혀 와닿지 않았는데 곧 네 잎 클로버가 떠올랐습니다. 행운을 상징하는 네 잎 클로버처럼, 미국인들은 길에서 페니를 주우면 그날 행운이 온다는 믿음이 있었던 것입니다. 한국인인 저로서는 당연히 행운의 동전에 개념을 알지 못했습니다. 우연한 기회에 행운의 동전을 받은 후 저는 한동안 땅만 보고 다녔습니다. 우스운 생각이지만 길에서 발견한 1센트짜리 동전이 저에게 행운을 가져올 것이라고 믿게 되었기 때문입니다.

우리가 신을 만들어 내는 이유입니다. 네 잎 클로버처럼, 1페니짜리 동전처럼 우리는 어떤 것이 우리에게 행운을 가져올 것이라고 믿는데 그 순간 우리는 자신도 모르게 신(a god)을 만들고 있는 것이고, 그 신은 철저히 우리 자신을 위한 신입니다. 우상입니다.

사실 우상은 그렇게 거창한 것이 아닙니다. 자신이 잘 되기 위해서, 복 받기 위해서 하나님이 아닌 다른 것을 의지하는 순간, 믿는 순간 바로 우상이 됩니다. 여기에는 네 잎 클로버도 좋고, 1 페니짜리 동전도 좋은 것입니다. 그리고 그 필요가 다하면 언제든지 다른 대상으로 교체되기도 합니다. 거기에는 하나님도 예외가 될 수 없습니다. 우리가 하나님의 뜻에 따라 살아가는 것이 아니라 하나님이 우리의 목적을 이루어 주시는 분이 되실 때, 하나님이 우리의 목적을 위한 수단이 되실 때, 우리는 하나님을 God이 아닌 a god으로 전락시키는 것입니다.

하나님은 우리에게 God입니까 아니면 a god입니까?

#3
믿음은 원래 보이지 않아요

> 믿음은 바라는 것들의 실상이요 보이지 않는 것들의 증거니 선진들이 이로써 증거를 얻었느니라(히 11:1).

"믿음은 원래 보이지 않는 거예요."
중학교 1학년인 14살 아들의 뜬금없는 믿음에 대한 정의입니다. 아들의 속은 모르겠지만 겉으로 드러나는 것, 아들의 입으로 나오는 말을 들어보면 아들이 믿음에 대해 제대로 알고 있는 것 같아 대견해 보입니다.

그렇습니다. 믿음은 눈으로 보는 어떤 것이 아닙니다. 그러하기에 히브리서 기자는 "믿음은 바라는 것들의 실상이요 보이지 않는 것들의 증거"라고 선언했습니다. 하지만 바로 그 지점, 믿음이 보이지 않기에 그리스도인들에게 많은 문제, 어려움이 있습니다.

'내가 잘하고 있나?'
'내 믿음의 점수는?'
'내가 지금 잘 가고 있나?'

알 수가 없습니다. 만일 누군가 우리의 믿음을 측정할 수 있는 객관적인 기준점을 준다면 훨씬 수월하게 믿음생활을 할 수 있을텐데 현실은 그러지 못한 겁니다.

하지만 한 가지 분명한 것은 있습니다. 보이지 않기에 더 많이 신뢰해야 한다는 것입니다.

산꼭대기에 배를 만들어야 하는 노아를 생각해 보십시오. 아마 노아는 매일 아침 일어날 때마다, 배를 열심히 만들고 있는 순간마다, 매일 잠자리에 들 때마다 의심하고 의심했을 것입니다. 하지만 노아는 결국 배를 만들었고, 하나님의 구원을 받았습니다.

어떻게?

히브리서 11장 7절에 그 답이 있습니다.

> 믿음으로 노아는, 하나님께서 아직 보이지 않는 일들에 대하여 경고하셨을 때에, 하나님을 경외하고 방주를 마련하여 자기 가족을 구원하였습니다(히 11:7, 새번역).

믿음이 보이지 않는다는 것은 믿음을 보기 위한 어떤 기준점을 만들어 내는 것이 아닙니다. 믿음이 보이지 않기에 더 많이 하나님을 의지해야 한다는 것, '적당히'가 아니라 나의 모든 것을 걸고 그분을 신뢰해야 한다는 것을 우리에게 요구하는 것일 겁니다.

매번 의심하지만 그럼에도 불구하고 포기하지 않는 것, 그리고 그 자리를 지키는 것, 이게 믿음일 것이라고 생각합니다.

#3. 믿음은 원래 보이지 않아요

#4
왜 변화하지 않을까요?

> 나더러 주여 주여 하는 자마다 다 천국에 들어갈 것이 아니요 다만 하늘에 계신 내 아버지의 뜻대로 행하는 자라야 들어가리라 (마 7:21).

그리스도인이 된 후, 우리 그리스도인을 당황스럽게 하는 일은 믿기 전이나 믿은 후의 삶이 전혀 변화가 없다는 것입니다. 우리는 분명 죄에서 해방되었고, 이제 하나님의 자녀가 되었는데, 여전히 같은 삶을 살아가고 있다면 우리는 우리의 구원을 의심하게 됩니다.

그런데 이러한 당혹스러움 속에 우리가 기억할 것은 '변화 없음'이 정상이라는 것입니다. 왜냐하면, 우리는 오랜 시간 동안 하나님 없이 우리 힘으로 살아야 하는 세상에서 살아와서 우리 자신을 내려놓고 하나님의 힘으로 살아가는 일에는 초보자이기 때문입니다. 이에 대한 가장 좋은 설명은 우리가 잘 아는 '거지왕자 이야기'입니다.

왕자로 태어났지만 어떤 일인지는 모르지만 오랜 시간, 대충 15살 정도라고 하고, 거지로 살았던 왕자입니다. 그러다가 우연히 왕이 아들을 발견하고 아들은 왕자의 지위를 회복하게 됩니다.

자, 그럼 생각해 봅시다.

왕자로 신분을 회복한 첫 날 저녁, 깨끗하게 목욕하고 왕자의 옷을 입고 왕자의 식탁에서 저녁 식사를 하기 위해 앉아 있습니다.

이제 왕자는 포크와 나이프를 사용하여 왕자답게 식사를 할까요?

당연히 아닐 겁니다. 왕자에게는 포크와 나이프 대신 손으로 먹는 것이 훨씬 자유로울 것입니다. 이전에 그랬던 것처럼 두 손을 사용하여 게걸스럽게 음식을 입에 밀어 넣을 것이고, 남은 음식은 자신의 주머니 속에 구겨 넣을 것입니다. 당연합니다. 왕자가 된 거지는 너무 오랜 시간 동안 거지로 살았기에 외형은 바뀌었을지 모르지만 여전히 거지이기 때문입니다.

하지만 시간은 지날 것입니다. 1년, 5년, 10년 이렇게 시간이 지나가면서 거지 왕자는 진정한 왕자로 변화되어 갈 것입니다. 그리고 때가 되면 정말 왕자가 되어 아버지를 이어 훌륭한 왕이 될 수 있을 것입니다. 그리고 그때가 되면 거지의 모습은 전혀 찾아볼 수 없게 되겠지요.

우리 그리스도인도 마찬가지입니다. 이제 막 구원받았다면 시간이 필요합니다. 이전에 세상에서 우리 마음대로 사는 데 길들어져 있었기에 출발점에 서는 전혀 그리스도인답지 못할 것입니다.

하지만 우리 하나님이 우리를 변화시켜 주실 것입니다. 1년이 지나고 10년 지나고 또 10년이 지나면 우리는 훌륭한 그리스도의 모습으로 변화되어 있을 것입니다.

그러니 조급해하지 마십시오. 조급해하는 대신 우리를 변화시켜 가실 하나님의 일하심을 기대하며, 1년 후, 5년 후, 10년 후 그리스도의 자녀로 성장해 있을 우리의 모습을 기대하며 오늘 하루를 믿음으로 살아가십시오.

#5
가난함을 좋아하지 않지만

> 예수께서 눈을 들어 제자들을 보시고 이르시되 너희 가난한 자는 복이 있나니 하나님의 나라가 너희 것임이요(눅 6:20).

저는 이 말씀을 별로 좋아하지 않습니다. 이 말씀이 잘못되었다는 것은 아닙니다. 당연히 이 말씀 안에는 하나님 나라의 비밀이 숨겨져 있습니다. 그런데 저는 조금은 부자로 살고 싶고, 그래서 가끔이지만 이렇게 기도합니다.

"하나님, 제가 조금 부자여도 하나님을 잘 믿을 수 있는데요."

지갑에 밥을 사 줄 수 있는 돈이 있고 없음은 커다란 차이를 가져옵니다. 지갑에 돈이 있다면 식당에 들어가서 친구를 향해 "뭐 먹고 싶어?"라고 물을 수 있고, "여기는 김치찌개 맛집이니 그거 먹자"고 말할 수 있습니다. 하지만 돈이 없는 경우 다릅니다. 나는 된장찌개를 먹고 싶은데 친구가 원하는 김치찌개를 먹어야 합니다. 양이 조금 부족해도 '배부르다'고 해야 할 때도 있습니다. 식당을 나오면서는 "잘 먹었어"라는 말도 꼭 해야 합니다. 그런데 저는 이런 불편함이 싫습니다.

가난함은 끊임없이 누군가를 의지하게 합니다. 내 힘으로가 아닌, 다른 이들의 은혜로 살아가야 하는 존재입니다. 하지만 타인을 의지하는 삶을 좋아하는 사람은 없습니다. 이왕이면 남을 도우며 살고 싶은 마음입니다. 가난보다는 부유함이 훨씬 좋은 이유입니다.

하지만 우리가 원하는 만큼 채워진다고 만족할 수 있을까요?

이만큼이면 되었다고 생각할 수 있을까요?

아닐 겁니다. 다른 사람들은 몰라도 저는 결코 거기서 멈추지 못할 것입니다. 조금 더, 조금 더, 그리고 결국에는 누가복음 12장에 나오는 부자 농부처럼 커다란 창고를 짓고 그 안을 곡식으로 가득 채우면서도 다시 새로운 창고와 그 안에 채울 곡식을 생각할 것입니다. 그렇게 끝임없이 새로운 창고를 채우기 위해서 살아갈 겁니다. 하지만 주님은 이 부자를 "어리석은 사람"(눅 12:20)이라고 하십니다.

우리에게 가난함은 불편함이자 부끄러움입니다. 하지만 우리 그리스도인은 가난함이 은혜의 자리임을 기억해야 합니다. 가난함은 우리가 우리의 힘으로는 살아갈 수 없다는 것을 알게 해 주어서 우리의 힘으로 살아가고자 하는 시도를 포기하게 합니다. 대신 오늘 하루를 살아가기 위해서는 하나님의 도우심이 필요하고, 그래서 우리로 하여금 하나님의 도우심을 구하는 삶으로 나아가게 할 것입니다.

# 6
기억은
하나님을
보게 합니다

> 곧 여호와의 일들을 기억하며 주께서 옛적에 행하신 기이한 일을 기억하리이다 또 주의 모든 일을 작은 소리로 읊조리며 주의 행사를 낮은 소리로 되뇌이리이다(시 77:11-12).

우리는 인생의 막다른 골목에 마주하거나 스스로의 힘으로는 감당할 수 없는 어려움 앞에 섰을 때 하나님을 찾습니다. 그런데 하나님은 없습니다. 아무리 열심히 기도하면서 하나님의 이름을 부르고 울부짖어도 하나님은 응답하지 않으십니다.

하나님은 마치 우리가 사는 세상 어디에도 안 계신 것처럼, 아니면 우리의 삶과는 전혀 상관이 없다는 듯이 세상 무관심하신 분처럼 전혀 미동도, 움직임도 없으십니다. 우리의 간절함은, 우리의 기도는 마치 빈 하늘로 내지르는 소리가 되어 사라져 버리는 것 같습니다.

애굽에서 노예 생활을 경험하던 이스라엘, 바벨론에 끌려가 포로생활을 하던 유다의 백성들, 그들은 수없이 많은 날을 하늘을 보며 탄식하고 울부짖었을 것입니다. 하지만 하나님은 애굽에서는 무려 400년, 바벨론에서는 70년 만에 겨우 응답하셨을 뿐입니다.

우리 역시 그런 삶을 살아가고 있습니다. 물론 우리 삶이 매번 어려운 것은 아닐 것입니다. 하지만 규칙적이든 불규칙적이든 이 땅을 살아가는 우리는 어쩔 수 없이 우리가 감당할 수 없는 벽을 만나게 되고, 거기서 우리는 하나님이 이름을 부를 수밖에 없습니다.

그런데 그 순간 우리 하나님은 어디 계시는 걸까요?

많은 경우, 아니 대부분의 경우 하나님의 즉각적인 응답은 없습니다. 우리가 하나님의 침묵이라고 부르는 기간은 한없이 길어지고, 결국에는 세상에 우리 혼자일지 모른다는 현실을 온 몸으로 인정하게 되는 시간이 옵니다. 하나님이 우리의 기도에 응답하지 않으시는 겁니다.

그런데 바로 그 지점이 하나님을 볼 수 있는 곳입니다. 바로 우리의 기억을 통해서입니다. 우리는 성경을 통해 이스라엘의 울부짖음에 응답하셨던 하나님을 기억합니다. 애굽에서 종살이했던 이스라엘의 간절함, 바벨론에 포로로 끌려갔던 유다의 절실함에 반응하셨던 하나님, 그리하여 그들을 해방하시고 다시 가나안 땅으로 돌아오게 하셨던 하나님을 기억합니다.

우리의 인생 역시 마찬가지입니다. 지금 이 순간 하나님은 우리의 기도에 무관심하신 것처럼 보이시지만, 우리의 과거에 함께하셨던, 우리를 사망의 음침한 골짜기에서 건져 내셨던 그 하나님을 기억할 수 있습니다. 그리고 그 하나님은 비록 지금 우리의 눈에 보이지는 않지만, 우리의 귀로 들을 수는 없지만 지금 우리와 함께하십니다.

어떻게 믿냐고요?

우리의 기억 속에서 하나님은 매순간 우리와 함께하셨습니다. 한 번도 우리를 포기하지 않으셨습니다. 그리고 동일하신 하나님이 지금 우리와 함께 계시다는 것 역시 시간이 흐르고 뒤를 돌아보면, 미래의 어느 시점에서 오늘을 보면, 하나님이 우리와 함께하셨음을 알 수 있습니다.

'기억'은 하나님의 축복입니다. 하나님이 우리 인생에 어떻게 함께하셨는지를, 하나님의 도우심이 우리 인생 구석구석에 어떻게 임했는지를 우리는 기억을 통해 분명하게 보고 있습니다.

오늘 역시 마찬가지입니다. 우리의 느낌과는 상관없습니다. 우리의 기억 속에 계신 하나님은 동일하신 분이기에 같은 모습으로 지금 우리와 함께하십니다. 우리가 오늘 살아가는 이유는 바로 그 하나님을 우리의 일상에서 믿음의 눈으로 보고 감사하기 위해서입니다.

#7 왜 하필 그곳에

> 여자가 뱀에게 말하되 동산 나무의 열매를 우리가 먹을 수 있으나 동산 중앙에 있는 나무의 열매는 하나님의 말씀에 너희는 먹지도 말고 만지지도 말라 너희가 죽을까 하노라 하셨느니라(창 3:2-3).

철이 들면서부터 가졌던 질문이 하나 있었습니다.

'하나님은 왜 선악과를 만드셨을까?'
'많이 양보해서 선악과가 필요했다고 치자, 그렇다고 왜 하필 동산 중앙에?'
'애초에 선악과를 만들지 않으셨다면, 아니 보이지 않았다면 인간이 따먹을 일도 없지 않았을까?'

아주 오랜 시간 가졌던 질문인데 이 질문에 대한 대답을 몇 년 전 우연한 기회에 분당에 있는 어느 유명하신 목사님의 설교에서 찾았습니다.

> 선악과는 동산 중앙에 있어야 했습니다. 그리고 인간은 매일 그 선악과를 보면서 스스로가 어떤 존재인지를, 인간은 하나님이 아니고 하나님처럼 될 수도 없는, 하나님의 아버지 되어 주심으로 살아가야 하는 존재로 창조되었다는 것을 깨달아야 했습니다.

오래 전에 들은 설교였기에 정확하지는 않지만 대충 이런 뉘앙스였습니다. 하나님이 선악과를 만드신 이유는 인간이 선악과를 통해 하나님을 보고, 더 많이 하나님을 의지하며 살아가도록 하기 위해서였다는 것입니다.

이것이 하나님의 원래 의도였습니다. 그런데 인간은 하나님의 뜻을 다른 쪽으로, 하나님이 아닌 자기 자신을 보는 수단으로 사용했습니다. 선악과를 통해서 자신의 욕망을 채우는, 하나님처럼, 하나님과 같은 존재가 되어 스스로의 힘으로 살아가는 수단으로 사용했던 것입니다. 결과는 우리 모두가 알듯이 인간은 죄를 범했고, 하나님과 분리되었습니다(죽음).

그런데 무서운 것은 우리 역시 동일하게 선악과 앞에 서 있다는 것입니다. 에덴동산의 중앙에 심겼던 선악과, 이름은 다르지만 지금 우리 삶의 중앙에 여전히 "먹음직도 하고 보암직도 하고 지혜롭게 할 만큼 탐스럽기도 한"(창 3:6) 존재로 서 있습니다. 그리고 우리에게 자신을 통해 하나님께 한 걸음 더 나아갈 것인지, 아니면 하나님의 자리로 올라가 하나님처럼 살 것인지를 선택하라고 요구하고 있습니다.

지금 우리는 어떤 선택을 하고 있습니까?

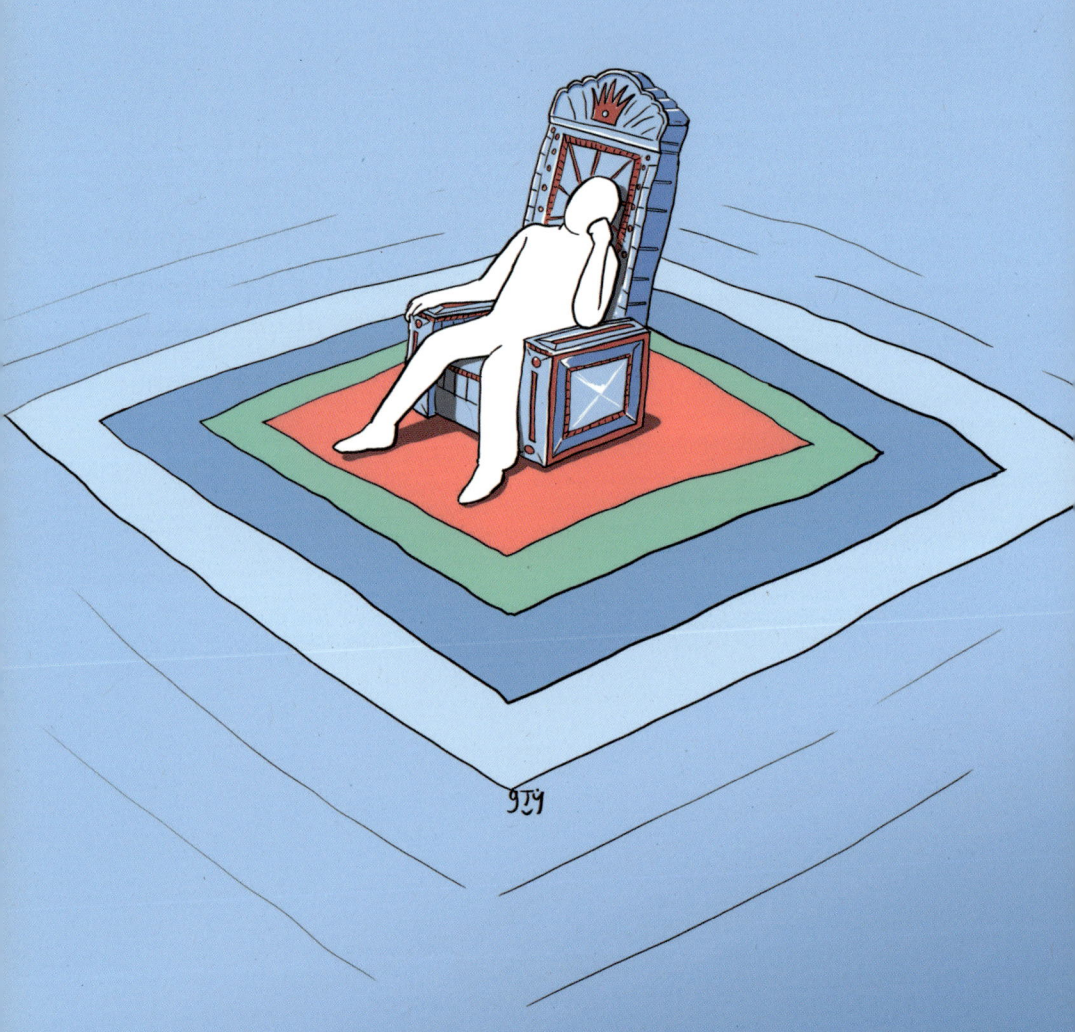

#8
수동(受動)의 축복

손을 뻗어 그 사랑의 넓이를 경험해 보십시오! 그 사랑의 길이를 재어 보십시오! 그 사랑의 높이까지 올라가 보십시오! 하나님의 충만하심 안에서 충만해져, 충만한 삶을 사십시오(엡 3:19, 메시지성경).

아들의 생일입니다.

어떻게 할까요?

먼저 아들이 가장 좋아하는 중국 음식을 준비할 겁니다. 자장면은 매운 자장으로, 짬뽕은 차돌짬뽕으로, 볶음밥은 기본입니다. 여기에 요리를 시킬 겁니다. 먼저 탕수육, 양장피, 깐풍기, 거기에 생일은 아니지만 딸이 좋아하는 크림 새우는 덤으로 준비하는 겁니다.

이걸로 아들의 생일 준비는 마무리된 걸까요?

아닙니다. 케익이 빠져서는 안 됩니다. 케익은 당연히 아이스크림 케이크입니다.

이젠 끝일까요?

당연히 아닙니다. 선물이 필요하지요. 생일 선물, 그런데 고민은 이제부터입니다.

아들이 무엇을 가지고 싶어 할까요?

아들이 받으면 가장 기뻐할 것이 무엇일까요?

당연히 아들이 가장 좋아할 만한 선물로 준비할 것입니다.

이제 아들을 위한 생일 준비를 마쳤습니다. 하지만 아들을 위한 것이 이것이 마지막이 아닐 것입니다. 당연히 또 다른 무엇인가를 준비하겠지요.

다음은 무엇이 될까요?

상상에 맡기겠습니다.

아들의 생일을 생각하다가 문득 하나님을 떠올리게 되었습니다.

우리가 우리 아이들의 기쁨을 위해 살아가는데, 우리의 아버지이신 하나님은 어떠실까요?

하나님 역시 우리와 다르지 않으실 것입니다. 하나님은 먼저 자신이 가지신 모든 것으로 세상 어디에도 비교할 수 없는 엄청난 잔치를 준비하시고 우리를 부르실 것입니다. 우리는 하나님이 준비하신 기쁨의 자리에 참여하여 하나님이 허락하신 풍성함의 주인공이 될 수 있는 겁니다. 이제 우리는 하나님의 부르심에 "아멘"으로 응답하는 겁니다. 그러면 되는 겁니다.

그런데 우리는 생각합니다.

'하나님의 초대에 그냥 갈 수 없다. 하나님의 영광스러운 자리에 초대되었는데 그냥 가서는 안 된다. 무엇인가 들고 가야 한다. 좋은 의복은 기본이다. 다음으로 우리의 정성을 보여야 한다. 최선을 다해 준비하고, 준비된 물건을 하나님께 드려서 최소한 밥값은 해야 한다.'

하지만 이건 아닙니다.

우리가 하나님의 부르심에 최소한의 것이지만 무엇이든 들고 간다면 하나님의 은혜는 더 이상 하나님의 은혜가 아니게 됩니다. 우리의 수고함이 들어가는 순간 "give and take"가 됩니다. 하나님의 은혜는 사라지고 율법만이 남게 되고, 예전 유대인들이 그랬던 것처럼 처음부터 실패하기로 되어 있는 율법의 자리에 들어가게 되는 겁니다.

하나님의 은혜는 무조건적입니다. 은혜 앞에 우리의 염치, 은혜 앞에 우리의 도리, 은혜 앞에 우리의 의지, 은혜 앞에 우리의 최소한의 보답은 없습니다. 하나님의 허락하신 풍성함, 하나님이 채우시는 충만함이 우리를 채우도록 우리 자신을 맡기면 되는 겁니다. 하나님의 은혜 앞에 우리에게 필요한 것은 완벽한 수동(受動)입니다. 하나님이 우리에게 원하시는 전부입니다.

#9
아버지께로 돌아가기

> 며칠 뒤에 작은 아들은 제 것을 다 챙겨서 먼 지방으로 가서, 거기서 방탕하게 살면서, 그 재산을 낭비하였다(눅 15: 13, 새번역).

'회개' 하면 우리는 말, 생각, 일들을 생각하고, 그중에 잘못한 것에 대한 보고서를 기록해 하나님께 올리는 행위, 기도를 떠올립니다. 이것이 일반적인 회개기도의 현실인데, 여기서 주목할 것은 우리가 '회개기도'라고 하는 것이 주로 우리의 행위의 영역에 맞춰져 있다는 것입니다. '오늘 누구를 미워했고, 거짓말을 했고, 마음에 나쁜 마음을 먹었다' 등의 행위, 이에 대한 보고와 후회, 용서를 구하는 멘트, 우리의 다짐이 공식처럼 되어 있습니다.

하지만 회개는 행위의 영역을 넘어서야 합니다. 물론 회개에는 나쁜 행위, 바르지 못한 마음과 생각들에 대한 언급이 포함되어 있어야 하지만 회개의 참된 의미는 행위의 수준에서 한 걸음 더 나아가야 합니다.

한 아버지에게 두 아들이 있었습니다. 그런데 어느 날 둘째 아들이 아버지에게서 독립하여 자신의 힘으로 살겠다고 아버지를 떠났습니다. 우리가 잘 알고 있는 탕자 비유의 한 장면인데, 여기서 우리가 주목할 것은 둘째 아들의 행동, 즉 '아버지를 떠남'입니다.

둘째는 이제 아버지와 상관없이 살겠다는 것입니다. 아버지의 은혜가 아닌 자신의 힘으로 살아가겠다는 것인데, 이것이 바로 죄, 죄의 본질입니다. 여기서부터 모든 문제가 시작되었습니다. 아들이 아버지를 떠났기 때문에 아들은 궁핍함과 죽음의 자리(죄의 현상)에 놓이게 된 것입니다.

> 그가 모든 것을 탕진했을 때에, 그 지방에 크게 흉년이 들어서, 그는 아주 궁핍하게 되었다(눅 15:14, 새번역).

여기서 우리가 기억해야 하는 것은 죄의 본질(아버지를 떠남)과 죄의 현상(궁핍함, 죽음)을 구분할 수 있어야 한다는 것입니다. 아들은 지금 궁핍함의 자리에 놓여 있습니다.

아들이 열심히 살지 않았기 때문일까요?

아니면 아들이 운이 없어서 일까요?

물론 그럴 수도 있습니다. 하지만 아들이 겪는 궁핍함, 죽음의 궁극적인 원인은 아들이 더 열심히 살지 못했기 때문이 아닙니다. 아들이 아버지를 떠나는 순간부터 이미 결정된 아들의 운명이었습니다. 왜냐하면, 아들은 아버지를 떠나서는 살아갈 수 없는 존재였기 때문입니다.

여기서 놀라운 일이 일어납니다. 궁핍함으로 죽음의 자리에 놓인 아들이 아버지를 기억해 낸 겁니다. 그리고 아들의 선택은 '더 열심히'가 아니었습니다. 아들은 아버지에게 떳떳한 아들이 되기 위해 마음을 다잡거나, 다시 일어나기 위해 최선을 다하지 않았습니다. 아들은 '더 열심히'가 아닌 '아버지에게로 돌아가기'를 선택한 겁니다.

> 아버지에게 돌아가서, 이렇게 말씀드려야 하겠다. 아버지, 내가 하늘과 아버지 앞에 죄를 지었습니다. 나는 더 이상 아버지의 아들이라고 불릴 자격이 없으니, 나를 품꾼의 하나로 삼아 주십시오.' 그는 일어나서, 아버지에게로 갔다(눅 15:18-20, 새번역).

회개란 '아버지께로 돌아가기'입니다. 자신의 힘으로 살아가겠다는 시도를 내려놓고 떠나온 아버지의 집으로 돌아가서 아버지의 도우심으로 살아가는 것입니다. 바로 둘째 아들처럼 떠나온 아버지께 돌아가는 것이고, 아버지의 환대를 온전히 받아들이는 것, 그것이 바로 참된 의미의 회개입니다.

#10
우리는
길동무입니다

> 마침 그 날에 그들 가운데 두 사람이 예루살렘에서 한 삼십 리 떨어져 있는 엠마오라는 마을로 가고 있었다. 그들은 일어난 이 모든 일을 서로 이야기하고 있었다. 그들이 이야기하며 토론하고 있는데, 예수께서 가까이 가서, 그들과 함께 걸으셨다(눅 24:13-15, 새번역).

캐나다 리자이나라는 도시에 있는 '우리교회'에서 목회할 때입니다. 어느 주일 젊은 청년이 교회를 방문했습니다. 다른 도시에서 학교를 졸업하고 리자이나에 취업이 되어 이주해 온 청년이었습니다. 청년은 교회를 정하기 위해 몇몇 교회를 방문하는 중이었습니다.

청년이 탐이 났습니다. 저희 교회는 작은 교회, 한 사람의 교인이 귀한, 특별히 젊은 청년이 귀한 교회였습니다. 만일 청년이 우리 교회에 정착을 한다면, 당시 교회를 세워야 한다는 조급함 속에 있던 저로서는 교회 성장의 큰 원동력을 얻을 수 있겠다는 생각이 들었습니다.

아니, 청년이 하나님이 교회를 세우시라고 저에게 보내 주신 사람이라는 생각이 들었습니다. 당연히 청년은 우리 교회에 등록하고, 그 청년을 통해 더 많은 청년이 교회로 올 것이라는 믿음(?)이 생기기 시작했습니다. 청년은 어느 덧 제 마음속에서 교회를 세우는 훌륭한 기둥이 되어 있었습니다.

그런데 마음에 다른 소리가 올라옵니다.

'나는 지금까지 하나님의 부르심이 있는 곳에 서기 위해 기도하였고, 또 그렇게 살아왔다. 우리교회 역시 나에게는 하나님의 부르심의 장소이다.

그런데 저 청년은?

청년 역시 하나님의 부르심이 있는 곳에 서야 하는 것이 맞다. 하나님은 청년이 목사인 나의 부르심의 자리가 아닌 청년 자신의 부르심의 자리에 서기를 원하실 것이다. 그리고 그곳은 우리 교회일 수도, 또 아닐 수도 있을 것이다. 중요한 것은 청년이 어떤 특정한 장소가 아닌 하나님이 서게 하는 자리에 서는 것이다.'

다음 주 청년은 보이지 않았습니다. 리자이나에 있는 다른 교회에 등록했다는 소식을 나중에 들었습니다. 그런데 하나도 서운하거나 아쉽거나 화가 나지 않았습니다. 오히려 청년이 하나님께서 부르신 자리에 설 수 있게 된 것에 감사했습니다.

목사는 자신의 비전을 위해 다른 그리스도인들을 끌고 다니는 사람이 되어서는 안 됩니다. 목사는 그냥 하나님 앞에 있는 한 사람입니다. 목사는 자신을 향한 하나님의 부르심의 자리에 서야 하는 사람입니다. 그리고 이것은 교회에서 평신도라고 불리는 모든 그리스도인 역시 마찬가지입니다.

하나님은 목회자를 특정한 장소에 부르시듯이 모든 그리스도인 각자에게 그들만의 부르심의 장소를 가지고 계실 것입니다. 그러니 우리 모두는, 목사이든 평신도이든 각자를 위한 하나님의 부르심이 있을 것입니다. 그리고 우리 모두는 바로 그 자리에 서기 위해 최선을 다해 살아가는 사람들이어야 합니다.

그렇다면 목사와 성도의 관계는?

목적지가 같은 사람입니다. 같은 목적지를 향해 함께 길을 가는 사람들, 바로 길동무입니다. 어떤 사람은 조금 더 오래 여행한 사람일 수 있고, 어떤 사람은 이제 막 출발한 여행자일 수 있습니다. 어떤 사람은 여행의 모든 것을 거의 완벽하게 준비한 사람일 수 있고, 또 어떤 사람은 아직 준비해야 하는 것이 많은 여행자일 수 있습니다. 하지만 이런 조건들이 별 문제가 되지 않습니다. 같은 목적지를 가지고 있기에 어떤 때는 우리가, 다른 때는 상대가 손을 내밀어 주면 됩니다.

여기에 정도의 차이는 있을지 모르지만 일방적인 것은 없습니다. 모두가 서로에게 도움이 되고, 또 서로에게 의지하는 관계, 그리하여 하나님 나라를 향해 함께 가는 사람들이 되는 것입니다.

언제까지?

하나님이 우리를 서로 동행하게 하시는 만큼입니다. 그 시간만큼 예수님이 당신의 제자들에게 좋은 길동무가 되어 주셨듯이 우리 역시 누군가에게 좋은 길동무가 되어야 합니다. 이제 우리 차례입니다.

#11
우리는 이미 기적 위에 서 있습니다

> 이스라엘 자손이 그들에게 항의하였다. 차라리 우리가 이집트 땅 거기 고기 가마 곁에 앉아 배불리 음식을 먹던 그 때에, 누가 우리를 주님의 손에 넘겨 주어서 죽게 했더라면 더 좋을 뻔 하였습니다. 그런데 당신들은 지금 우리를 이 광야로 끌고 나와서, 이 모든 회중을 다 굶어 죽게 하고 있습니다(출 16:3, 새번역).

구약성경 출애굽기의 이스라엘 백성은 애굽의 노예 생활에서 해방되어 새로운 땅으로 여정을 떠난 위대한 민족입니다. 그런데 저는 광야의 이스라엘 백성들을 떠 올리면 두 장면밖에는 떠오르지 않습니다. 하나는 이스라엘 백성들의 불평이고, 다른 하나는 하나님과 이스라엘 백성들 사이에 끼여서 이러지도 저러지도 못하는 모세입니다.

"우리를 불러내었으면 책임져라."

"고깃국과 쌀밥으로 먹여라."

"물은 생수로 준비하고, 길을 갈 때는 햇빛을 막아 주고, 저녁에는 춥지 않도록 보온에도 신경을 써야 한다."

"애굽에서 잘 살고 있던 우리를 모세 당신이 데리고 나왔으니 당연히 이 정도는 해 줘야 한다. 모세 당신 입으로 하나님이 우리를 불러내셨다고 했으니 당신이 안 되면 하나님께 부탁해서라도 우리의 요구를 채워 주어야 한다."

이스라엘 백성들은 너무도 당당히 자신의 권리를 주장했습니다. 더 많은 기적으로 자신들의 요구를 들어주어야 한다는 것입니다. 홍해를 걸어서 건너고, 만나와 메추라기로 식사를 해결하고, 구름 기둥과 불 기둥의 기적으로 보호를 받으며 살아가고 있습니다. 하지만 아직도 부족하다는 것입니다. 이 정도의 기적으로는 만족할 수 없다고, 더 큰 기적으로 채워 주어야 한다는 것입니다.

그런데 이스라엘 백성들이 놓치고 있는 것이 하나 있습니다. 그것은 이스라엘 백성들이 광야를 걷고 있는 자체가 기적이라는 것입니다. 애굽의 노예로서 살다가 죽어야 할 운명을 가진 민족이 자유로운 몸으로 광야에 서 있습니다. 이제 곧 자신의 이름으로 땅을 가지고 살아갈 수 있을 것입니다. 그러니 이스라엘에게 광야는 기적의 땅이고, 매일 걷는 걸음이 기적이었던 것입니다.

하지만 이스라엘 백성들은 자신들이 하나님의 은혜 또는 기적으로 살아간다는 것을 보지 못하고 있습니다. 만일 자신이 하나님의 은혜로, 도우심으로 살아가고 있다는 것을 볼 수 있었다면 그들의 반응은 불평이 아닌 감사였을 것입니다. 광야에서의 하루하루가 기쁨의 날이었을 것입니다.

우리 역시 마찬가지입니다. 우리의 하루가 평범한 또 한 번의 하루가 아닙니다. 오늘 하루는 새로운 하루, 하나님이 힘 주셔서 살아가게 하는 새로운 하루입니다. 그래서 우리가 오늘 하루를 살아가는 것이 하나님의 은혜이고 기적입니다.

#12
내가 구원받은 증거

> 그런데 여러분은 자녀이므로, 하나님께서 그 아들의 영을 우리의 마음에 보내주셔서 우리가 하나님을 "아빠, 아버지"라고 부를 수 있게 하셨습니다(갈 4:6, 새번역).

"당신은 구원받았습니까?"
"예!"
"어떻게 확신하십니까?
당신은 구원받았다고 확신할 수 있습니다.
그런데 만일 아니면?
당신이 하나님 앞에 갔는데 하나님께서 당신을 모르신다고 하면 어떻게 하시겠습니까?"

무서운 말입니다. 우리는 일평생 예수 그리스도의 십자가의 죽음과 부활하심을 믿었고, 하나님의 자녀라는 확신을 가지고 살았는데 막상 하나님 앞에 섰을 때 주님이 우리를 모른다고 하시면, 우리 인생은 망한 거겠지요.

그래서 우리에게는 확신이 필요합니다. 우리가 구원받았다는 확실한 증거가 필요합니다.

그런데 증거가 어디에 있습니까?

물론 성경에는 구원에 대한 많은 말씀이 들어 있고, 우리는 그 말씀을 통해 위안을 받고 또 안도할 수 있습니다.

하나님이 세상을 이처럼 사랑하사 독생자를 주셨으니 이는 그를 믿는 자마다 멸망하지 않고 영생을 얻게 하려 하심이라 (요 3:16).

네가 만일 네 입으로 예수를 주로 시인하며 또 하나님께서 그를 죽은 자 가운데서 살리신 것을 네 마음에 믿으면 구원을 받으리라 사람이 마음으로 믿어 의에 이르고 입으로 시인하여 구원에 이르느니라 (롬 10:9-10).

우리의 신앙고백이자 우리가 구원받았다는 확실한 증거의 말씀들입니다. 그리고 우리는 이런 말씀들을 통해 우리가 구원받았음을 고백합니다.

"예수 그리스도가 하나님의 아들이심을 믿습니다."

"하나님이 예수 그리스도를 죽은 자 가운데서 살리셨음을 믿습니다."

이제 우리는 완벽한 구원을 받았습니다.

모든 신학자, 모든 목사가 이거면 된다고 합니다. 하지만 우리는 아직입니다. 사실 누가 뭐라고 말해도 별로 소용이 없습니다. 아직 우리에게 확신이 없습니다. 구원받았다고 고백하지만, 장담하지 못합니다. 구원받았다고 생각하지만 하나님 앞에 서기에는 두렵고 떨리는 것이 먼저입니다. 우리에게 육신의 죽음, 그리스도인이 하나님을 만나는 바로 그때가 기대함이 아닌 두려움으로 남아 있는 이유입니다.

그러면 어떻게 우리의 두려움이 기대함으로 바뀔 수 있을까요?

누가 어떻게 우리의 구원받았음을 확증할 수 있을까요?

그 시작, 그리고 끝이 바로 오늘의 말씀입니다. 우리가 하나님을 "아빠, 아버지"라고 부른다면 우리는 구원받은 사람입니다. 그러면 되는 겁니다. 우리 구원의 확증은 거창한 신학적 이론, 절절한 신앙고백이 필요한 것이 아닙니다. 그냥 우리 입에서 하나님이 '아버지'로 고백되면, 예수 그리스도가 '주님'으로 고백된다면 우리는 이미 구원받은 것입니다. 왜냐하면, 우리 하나님이 우리에게 그렇게 고백하도록 하시기 때문입니다.

#13
기대를
조금
낮춰도
됩니다

> 때가 차매 하나님이 그 아들을 보내사 여자에게서 나게 하시고 율법 아래에 나게 하신 것은 율법 아래에 있는 자들을 속량하시고 우리로 아들의 명분을 얻게 하려 하심이라(갈 4:4-5).

"예배 시간 10분 전에는 예배당에 들어와 앉아 있어라."
"교회 올 때는 가장 깨끗한 옷을 입어라."
"예배 시간에는 졸지 말아라."
"기도는 하루에 30분 이상은 해라."
"아침에 일어나자마자 기도하고, 잠자리에 들기 전에 기도해라."
"십일조는 1원이라도 떼어먹으면 안 된다."

어린 시절부터 들은 어머니의 잔소리(?)입니다. 그런데 이 잔소리들이 저의 신앙의 기초가 되었습니다. 그리고 성인이 되어서도 제 신앙의 기준점들로 남아 있었습니다.

그런데 어느 날, 하나님을 제대로 알아 가기 시작하면서부터 어머니가 말씀하신 규칙들을 하나하나 반대로 하고 있는 저를 발견하게 되었습니다.

'교회 문은 활짝 열려 있어야 한다. 끝나기 5분 전에 교회에 오는 것이 오지 않는 것보다 훨씬 낫다. 주일 예배당에서 조는 것이 교회 빼먹고 집에서 자는 것보다 낫다. 최소한 교회에서 자는 잠은 주님이 주시는 꿀잠이다.'

'옷이 조금 더러우면 어때. 주님은 그런 걸로 차별하지 않으신다.'

'주일날 교회당에 나와 예배드리는 것이 가장 좋다. 그렇지만 그럴 수 없을 때 출근길 버스나 지하철에서, 아니 어디에서든지 혼자 예배드려도 하나님은 충분히 기뻐하시고, 우리는 충분히 은혜받는다.'

'새벽에 못 일어나면 저녁에 기도하고, 저녁에 안 되면 다음날 기도해도 된다. 어쨌든 기도하는 게 안 하는 것보다 낫다.'

예전의 저라면 상상도 못할 생각들이었지만 이제는 이러한 것들이 좋고, 은혜가 되고 있습니다. 그리고 이전보다 훨씬 기쁨으로 신앙생활을 하고 있습니다.

어떻게?

기대를 낮췄습니다. 그리고 기대가 낮아지면서 모든 것이 감사가 되었고, 모든 것이 하나님의 은혜가 되었습니다. 사실 우리는 이미 충분히 괜찮은 그리스도인입니다. 그런데 우리는 더 좋은 그리스도인이 되기 위해 수고하고 애쓰고 있습니다. 하지만 정작 하나님은 우리에게 더 좋은 그리스도인이 되라고 말씀하지 않으십니다. 우리의 욕심에 더 좋은 그리스도인이 되겠다고 스스로를 학대하고 괴롭히고 있을 뿐입니다.

그냥 편안하게 살아도 됩니다. 필요하시면, 전문용어(?)로 '하나님의 때'가 되면 하나님이 우리를 하나님의 사람으로, 하나님의 믿음의 용사로 세워주실 것입니다. 지금은 그냥 하나님을 아버지로, 예수 그리스도를 나의 주님으로 부르는 수준으로 만족하십시오. 때가 되면 하나님이 부르실 것이고, 우리는 '아멘'으로 나아갈 것입니다.

최선을 다해
열심을 다해
좋은 그리스도인이
되겠습니다

#14
H 권사님과의 대화 중에서

> 내가 그리스도와 함께 십자가에 못 박혔나니 그런즉 이제는 내가 사는 것이 아니요 오직 내 안에 그리스도께서 사시는 것이라(갈 2:20).

"에이, 하던 대로 하면 저 망해요. 붙어나 있을지 모르겠어요."

캐나다 리자이나 교회에 계신 H 권사님과 카톡 대화 중에 "권사님, 지금 잘하고 계십니다"라는 저의 말에 대한 권사님의 대답입니다.

지금부터는 제가 권사님 카톡에 남긴 글을 그대로 옮깁니다(중간에 권사님의 대답이 빠져 있어 어색한 부분이 있을 수 있습니다).

우리는 우리가 결정하고 하나님이 결재한다고 생각합니다. 그러니까 하나님과 우리를 분리해서 마치 상사에게 결재 서류를 올리고 허락을 받아야 하는 것처럼 생각하지요. 나는 1층에 있고 하나님은 2층에 있는 식입니다. 하지만 성경적으로 보면 아닙니다.

성경은 우리가 그리스도와 함께하고 있다고 말씀합니다. 이 말은 우리가 하는 일이 우리가 하는 일이 아닌 우리 주님이 하시는 일, 하나님이 우리를 주관하고 계시다는 것이지요.

> 내게 능력 주시는 자 안에서 내가 모든 것을 할 수 있느니라(빌 4:3).

저는 이 말씀이라고 생각합니다. 우리가 살아가는 것, 우리가 그리스도인으로 자라나는 것, 우리가 매일 일상에서 선택하고 결정하는 것, 그 모든 것이 하나님이 능력 주시는 한도 안에서입니다.

우리가 하나님의 뜻을 찾으려고 할 때, 우리가 결단하지 못하는 이유는 많은 경우 실패에 대한 두려움 때문입니다. 하나님이 원하시는 길, 하나님이 명령하시는 길은 실패가 없을 거라는 거지요. 하지만 아닙니다. 우리는 어디로 가든 실패를 합니다. 중요한 것은 실패의 자리에도 하나님이 우리와 함께하시는 것이죠. 그러니 우리는 기꺼이 그 길을 가는 것입니다.

잘되면 잘되어서 감사, 실패하면 실패하는 자리에서 주님을 만날 수 있기에 감사, 믿음으로 한 걸음 내딛고 그 자리에서 하나님의 일하심을 경험하고 다시 한 걸음, 이렇게 한 발 한 발 주님을 향해 가는 것입니다.

엠마오로 가는 제자들이 좋은 예입니다. 사실 그들은 예수님께 실망하고 좌절해서 이전에 자신들이 살던 곳으로 돌아가던 중이에요. 예수님 입장에서 보면 실망스럽죠. 3년이나 가르쳤는데 못 알아듣고 이전으로 돌아가니까요. 하지만 예수님은 포기하지 않으셨어요. 오히려 제자들을 찾아가셨고 처음부터 다시 설명해 주셨어요.

언제까지?

제자들이 알아들을 때까지요.

하나님은 우리를 포기하지도 버려두지도 않으십니다. 그러므로 우리는 하나님 앞에 감사함으로 서는 거지요. 조금 못 알아들어도, 조금 느려도, 아니 뒤쳐져도 괜찮습니다. 우리 하나님이 바로 그 자리에 계시기 때문이지요.

저는 권사님의 신앙고백이 "하나님 전 아직도 멀었습니다"가 아니라 "하나님 감사합니다"였으면 합니다. 내가 아직 못한 많은 것이 아니라 내가 하고 있는 한 가지로 인해 감사하는 것, 그러면 항상 감사할 수 있을 것이니까요.

요즘 제가 생각하는 건 이겁니다.

'신앙생활 쉽게 하기!'

답은 간단한 것 같아요. 지금 하고 있는, 하나님이 내 삶에서 허락하신 하나에 감사하면 되는 거죠. 그러면 쉬워요. 행복하고 좋아요. 물론 편안하구요.

문제는 우리가 너무 많은 일을 생각하고 하려고 해서입니다. 그래서 지금 우리가 하고 있는 일이 마음에 들지 않는 거고, 힘이 드는 겁니다. 하지만 복잡하고 거창하게 말고, 그냥 단순하게 생각했으면 해요.

'지금의 자리에 서기!'

'감사를 찾고 감사하기!'

이것으로 끝입니다.

#15
하나님을 볼 수 있는 겨자씨만 한 믿음

> 이르시되 너희 믿음이 작은 까닭이니라 진실로 너희에게 이르노니 만일 너희에게 믿음이 겨자씨 한 알 만큼만 있어도 이 산을 명하여 여기서 저기로 옮겨지라 하면 옮겨질 것이요 또 너희가 못할 것이 없으리라(마 17:20).

"산을 옮기는 믿음."

정말 산을 옮길 수 있다면?

아니 산까지는 아니더라도 만일 기도 한 번으로 병을 고칠 수 있는 은사가 있다면 어떤 일이 일어날까요?

실제로 힘들어 하는 교우들을 보며 제게 병을 고치는 은사가 있었으면 할 때도 있었습니다.

그런데 만일 하나님이 저에게 병을 고치는 능력을 주신다면 어떤 일이 벌어질까요?

저는 바로 스타 목사는 기본이고 어쩌면 대형 교회 목사도 될 수 있을 것입니다. 조금 더 거창하게, 코로나 바이러스로 인해 고통받는 이때에 기도 한 번으로 코로나를 치유할 수 있다면 저로 인해 세상 사람들이 하나님이 살아 계심을 분명하게 볼 수 있을 것입니다. 교회는 사람들로 가득 찰 것이고 힘들이지 않고 이 나라와 민족을 복음화할 수 있을 것입니다.

그런데 이것은 하나님의 방법이 아닙니다.

마태복음 4장에 예수님은 사탄으로부터 "돌을 들어 떡을 만들라"는 유혹을 받으셨습니다.

예수님이 돌로 떡을 만드셨다면 어떤 일이 일어났을까요?

당시 이스라엘에는 하루에 한 끼를 해결하지도 못하는 사람들이 많았습니다. 그런데 그들에게 예수님이 돌로 빵을 만드시는 능력을 보이셨다면 사람들은 예수님을 왕으로 세웠을 것이고, 예수님은 자신이 이 땅에 오신 목적을 더 빠르고 쉽게 이루실 수 있었을 지도 모릅니다.

돌로 빵을 만드시는 능력을 가지고 계신 분의 말이면 누구라도 듣지 않았겠습니까?

하지만 예수님은 그렇게 하지 않으셨습니다. 예수님은 말씀으로 사탄의 제안을 보기 좋게 거절하셨습니다.

> 사람이 떡으로만 살 것이 아니요 하나님의 입으로부터 나오는 모든 말씀으로 살 것이라(마 4:4).

사탄의 방법은 훨씬 효과적이고 빠른 방법이었을 것입니다. 하지만 만일 사탄의 제안대로 갔다면 마지막 보좌에 앉는 이는 하나님이 아니었을 것입니다. 그 자리에는 하나님이 아닌 예수님, 그리고 우리 자신이 앉게 될 것입니다. 그것이 바로 사탄의 방법, 세상이 주는 효과적이고 빠른 방법입니다.

우리가 겨자씨만 한 믿음으로 산을 옮기면 어떤 일이 일어나겠습니까?

우리에게는 '하나님 없다' 또는 '하나님 필요 없다'가 될 것입니다. '겨자씨만 한 믿음으로 산을 옮기는 것'이 아닙니다. '겨자씨만 한 믿음으로 산을 옮기시는 하나님을 보는 것'입니다. 우리가 주인공이 되어 세상의 어려움을 멋지게 해결하고 스포트라이트를 받는 것이 아니라 이 땅에서 우리 주님이 일하시는 것을 믿음의 눈으로 보는 것입니다.

기억하십시오. 우리가 하는 것이 아니라 하나님이 하시는 것을 보는 것, 그것이 바로 우리에게 겨자씨만 한 믿음이 필요한 이유입니다.

#16 하나님 많이 주세요

> 구하라 그리하면 너희에게 주실 것이요 찾으라 그리하면 찾아낼 것이요 문을 두드리라 그리하면 너희에게 열릴 것이니 구하는 이마다 받을 것이요 찾는 이는 찾아낼 것이요 두드리는 이에게는 열릴 것이니라(마 7:7-8).

청년 시절 어른들로부터 들었던 충고 하나가 배우자를 위해 기도해야 한다는 것이었습니다. 실제로 배우자를 위해 100가지 기도제목을 놓고 기도했더니 정말 그런 배우자를 만났다는 간증도 여러 군데에서 들었습니다. 그래서 저도 시도해 보았습니다. 100가지 기도제목을 작성하기. 하지만 60개에서 막혔습니다. 아무리 생각해도 그 이상 기도제목을 찾을 수 없었고, 어느 날 그런 제가 우스워서 그만두었습니다.

기도에 대해 들었던 말씀 중에 기억 남는 것이 또 있습니다.

"왜 우리는 기도할 때 하나님께 매번 '다고다고' 하는가?

왜 '주세요, 주세요'만 하는가?"

하나님은 우리와 대화하기를 원하시는데 우리는 "주세요"로 기도를 시작하고, "주세요"로 끝낸다는 것이지요. 하나님이 이제 말씀하시려는데 우리는 소원을 말하고 "하나님, 이제 끝" 한다는 겁니다. 하나님은 보물 상자도 아니시고, 소원을 들어주는 거인인 '지니'도 아니라는 겁니다. 하나님이 우리에게 원하시는 것은 대화이고, 그러므로 우리는 기도의 자리에서 하나님의 말씀을 듣는 것에 집중해야 한다는 것이었습니다.

그때부터였던 것 같습니다. 하나님께 기도하면서 하나님의 말씀하심을 들으려고 하면서, 저의 기도에서 "주세요"라는 단어가 줄어들고, 의식적으로 사용하지 않게 되었던 것 같습니다.

그런데 저는 이제 다시 "하나님 주세요"를 시작하려고 합니다. 하나님 앞에 제 속에 있는 것 모두 내어놓고 "하나님 이것저것 다 주세요" 하려고 합니다.

뭐 어떻습니까?

그냥 한번 해 보는 거지요.

하나님의 음성은 언제 듣냐고요?

뭐 그것도 하나님이 알아서 하시겠지요. 필요하시면 잠자는 저를 깨워서라도 말씀하실 겁니다. 그건 하나님께서 알아서 하실 겁니다. 이것저것 생각하면 아무것도 할 수 없습니다. 그냥 하나님께 "주세요" 하고 '하나님의 주심에 감사하기', 이거면 되지 않을까요?

하나님의 은혜를 경험하고 싶어서 그렇습니다. 하나님을 더욱 많이 의지함으로, 하나님이 주시는 것들로 살아가고 싶기 때문입니다. 하나님이 주시는 선물로 채워지는 삶이기를 소망하기 때문에 그렇습니다. 그냥 오늘만, 오늘을 하나님으로 인해 살아가고 내일을 위해 기도하는 삶이었으면 하기 때문에 그렇습니다.

'무엇을 먹을까 무엇 입을까' 하는 걱정의 자리를 기도로 채우고 싶어서 그렇고, 내 냉장고에, 아니 내 통장에 돈이 넘치도록 쌓여서 "내 영혼아 편안히 쉬고 먹고 마시고 즐거워하리라"(눅 12:19)는 말 대신 하나님으로부터 오는 먹을거리로 오늘 하루를 살아가고, 그리하여 매일 하나님의 허락하시는 기적으로 살아가고 싶기 때문에 그렇습니다.

17
일용할
믿음

> 그러나 베드로가 저주하며 맹세하되 나는 너희가 말하는 이 사람을 알지 못하노라 하니 닭이 곧 두 번째 울더라 이에 베드로가 예수께서 자기에게 하신 말씀 곧 닭이 두 번 울기 전에 네가 세 번 나를 부인하리라 하심이 기억되어 그 일을 생각하고 울었더라(막 14:71-72).

베드로는 여종의 손가락질에 겁을 먹고 세 번이나 예수님을 부인했습니다. 믿음이 부족했겠지요. 예수님의 제자로서 살아왔지만 예수님을 절대 신뢰하기에는 시간이 부족했거나 용기가 부족했을 것입니다. 기도가 부족했을 수도 있습니다. 아니면 큰 믿음, 반석 같은 믿음을 구하지 못했기에 그랬을 수도 있습니다.

만일 베드로가 반석 같은 믿음을 가지고 있었다면, 태산 같은 믿음을 지니고 있었다면 베드로는 다르게 행동했을 것입니다. 여종의 손가락질은 물론이고 로마의 창칼 앞에서도 당당할 수 있었을 것입니다.

반석 같은 믿음, 흔들리지 않는 믿음을 소망했습니다. 사나운 폭풍에 영혼까지 털렸던 제자들, 어린아이의 지적에 겁을 집어먹고 눈을 감아 버린 베드로, 예수님이 십자가를 지실 때 어딘가로 숨어 버린 제자들, 그들의 실패를 반복하고 싶지 않았습니다.

그래서 오랜 시간 제 기도제목은 반석 같은 믿음이었습니다. 하지만 기도의 응답은 없었습니다. 반석 같고 태산 같은 믿음은 없었습니다. 오히려 미세한 바람에도 흔들리는 갈대의 끝자락 같은 믿음으로 살아갈 뿐입니다. 하루에도 열두 번, 아무리 작은 자극에도 세상 크게 반응하게 되는 쫄보 같은, 항상 처음부터 새롭게 시작하는 것 같은 믿음으로 살고 있는 저 자신을 보게 될 뿐이었습니다.

그런데 그게 맞는 것이었습니다. 애초에 태산 같은 믿음, 반석 같은 믿음은 없습니다. 한 번 복용하면 이후에 어떤 병이라도 고치는 만병통치약처럼 한 번 소유하면 영원히 흔들리지 않는, 그리하여 어떤 시험에도 흔들리지 않는 그런 만병통치약 같은 믿음은 존재하지 않았습니다.

믿음은 흔들려야 하는 것이었습니다. 우리 인간은 폭풍우가 닥쳐왔을 때 무서워하고 떠는 존재입니다. 이게 자연스러운 것입니다. 그리고 바로 그곳에서 시작합니다.

우리가 흔들릴 때, 죽을 것 같다고 느낄 때, 우리는 그제서야 하나님을 떠올리게 됩니다. 우리 하나님 앞에 무릎 꿇을 수 있고, 하나님 앞에 살려달라고 매달리게 됩니다. 바로 그곳이 믿음이 필요한 자리입니다. 폭풍우가 몰아쳐서, 이제 곧 죽을 것 같아서 아무것도 떠오르지 않는 그 순간에 하나님을 찾게 하는 것이 믿음이고, 끝까지 포기하지 않고 하나님을 도우심을 구할 수 있게 하는 것이 역시 믿음입니다.

흔들리지 않는 반석 같은 믿음은 환상일 뿐입니다. 흔들리지 않을 때 믿음은 필요 없습니다. 그냥 살면 됩니다. 하지만 우리 삶이 흔들린다면, 우리 삶이 우리의 손에서 벗어났다면, 우리에게 믿음이 필요한 것이고, 바로 그 순간 믿음이 우리로 하루를 살아가게 할 것입니다. 하지만 어제를 믿음으로 살았다고 오늘의 삶이 보장되는 것은 아닙니다. 오늘을 살기 위해서는 오늘을 살기 위한 새로운 믿음이 필요합니다. 내일은 또 내일의 믿음이 필요하고요.

#18
기도해야 하는 이유

오늘 우리에게 일용할 양식을 주시옵고(마 6:11).

주기도문은 구식(?)입니다. 대부분의 그리스도인이 외우고 있지만, 예배를 마칠 때, 그것도 목사님이 안 계시는 경우 마침 기도로 드려지는 경우를 제외하고는 현대 그리스도인들은 거의 사용하지 않는 기도문이 되었습니다.

특별히 '오늘 우리에게 일용할 양식을 구하는 기도'는 더욱 그렇습니다. 예수님 당시 사람들에게는 일용할 양식을 구하는 것이 필수적인 부분이었겠지만 지금은 아닙니다.

집에 있는 냉장고 안에 이미 먹을 것들로 가득 차 있습니다. 고기는 기본이고, 만두, 소세지 등등, 각종 냉동식품으로 가득합니다. 집 밖에는 편의점들이 있고 각종 식당이 줄지어 서 있어서 언제든지 골라 먹으면 됩니다. 또 하루 24시간 배달 서비스도 당연히 가능합니다. 오늘을 사는 대부분의 사람은 오늘 하루 먹을 것을 위해 걱정할 필요가 없고, 그러니 그렇게 기도할 필요도 없습니다.

기도할 필요가 없다는 말은 내 힘으로, 내 능력으로 얼마든지 해결할 수 있으니 굳이 기도를 하고 하나님의 도우심을 받을 필요가 없다는 것입니다. 하나님 없이도 가능한 부분이 우리 삶 가운데 일정 부분 생겨 버린 것입니다. 하나님이 도와주시지 않아도, 우리가 냉장고 문 열고 음식을 꺼내서 먹으면 되고, 그게 아니면 밖에 나가서 사 먹으면 됩니다. 그게 귀찮으면 전화해서 배달시키면 됩니다. 돈은 있으니 뭐든지 하면 됩니다.

여기에 우리가 '일용할 양식'을 위해 기도해야 하는 이유가 있습니다. 우리가 우리 힘으로 할 수 있는 일들, 아니 할 수 있다고 믿는 일들, 하나님 없어도 된다고 생각하는 일들이 우리 삶의 부분을 차지하고 있어서, 그리고 점점 더 그런 부분이 많아지고 넓어져서, 결국 우리가 하나님 없이도 살 수 있다는 착각을 하게 될 것 같아 그렇습니다. 예전 아담과 하와가 그랬듯이, 하나님처럼 될 수 있다는 환상을 가지게 될 것 같아서입니다.

우리가 '일용할 양식'을 위해 기도해야 하는 이유입니다.

우리가 당연하게 생각하는 바로 그 자리, 우리에게는 너무도 익숙한 바로 그 일이 바로 하나님으로부터 나왔고, 그러므로 우리는 하나님의 은혜로만 살아가는 것이라는 것을 계속해서 인정하기 위해서입니다.

우리의 힘, 우리의 능력으로 살아가겠다는 유혹을 이기고 다시 하나님께로 돌아가 하나님의 도우심을 구하고, 하나님이 주시는 힘으로 하루를 살아가기 위해서입니다.

#19
25달러의 기억

> 공중의 새를 보라 심지도 않고 거두지도 않고 창고에 모아들이지도 아니하되 너희 하늘 아버지께서 기르시나니 너희는 이것들보다 귀하지 아니하냐 … 또 너희가 어찌 의복을 위하여 염려하느냐 들의 백합화가 어떻게 자라는가 생각하여 보라 수고도 아니하고 길쌈도 아니하느니라(마 6:26,28).

주기도문의 한 구절입니다.

오늘 우리에게 일용할 양식을 주시고

주님을 향해 "오늘 하루를 살아갈 양식을 주십시오"라고 기도하면서, 내 주머니 속에 오늘 하루 살아갈 돈이 있다고 만족할 수 있을까요?

당연히 아닙니다. 오늘을 살아갈 돈이 두 손에 들려 있어도 우리는 오늘을 살아갈 수 있음에 감사하기보다는 내일을 살아갈 것에 대해 걱정합니다.

광야의 이스라엘이 바로 그런 케이스입니다. 광야에서 이스라엘은 하나님의 은혜로 하루를 살아가는 것을 연습하고 있었습니다. 하늘에서 내려오는 만나입니다. 하나님이 하루 일용할 만나를 허락하시고 이스라엘은 그렇게 하나님의 은혜로 하루를 살아가는 것입니다. 하지만 이스라엘은 하나님의 은혜로 하루를 살아가는 것을 좋아하지 않았습니다.

출애굽기 35장에 보면 하나님께서 만나를 내리시며 다음날까지는 남겨두지 말라고 말씀하십니다. 하지만 이스라엘은 오늘이 아닌 내일을 걱정했고, 하나님의 말씀에 순종하지 않았습니다.

물론 이스라엘 백성을 이해할 수 있습니다. 저도 그러니까요. 오늘을 사는 것도 중요하지만 내일을 위한 준비도 어느 정도는 되어 있어야 오늘을 마음 놓고 끝낼 수 있기 때문입니다.

미국 생활을 시작한 첫해 성탄절에 저와 아내는 25달러를 놓고 심하게 다투었습니다.

"우리가 아무리 금전적으로 힘들지만 오늘만큼은 우리를 위해 사용하죠."

이런 제 주장에 아내는 반대했습니다.

"'그 돈이면 우리가 일주일을 살아갈 수 있는데 그렇게 낭비할 수 없어요."

그렇게 한참 소리내 싸우고 있는데 누군가 노크를 합니다. 미국 중년 여인이었습니다. 봉투를 내밀며 "메리 크리스마스!" 합니다. '크리스마스 선물'입니다. 얼떨결에 봉투를 들고 들어와서 열어 보았습니다.

그 안에는 정.확.하.게. 25달러!

지난 시간을 뒤돌아보면 하나님은 우리에게 늘 필요한 만큼(마음속으로는 늘 '하나님 조금 더 넉넉하게 주세요'라고 하고 있지만) 채워 주셨습니다. 그렇게 매일을 살았습니다. 어제도 하나님이 주시는 일용할 양식으로 살았고 오늘도 그렇게 살고 있습니다. 내일도 당연히 그렇게 살 것입니다.

그러니 이제 우리는 계속해서 내일을 보고 내일을 염려하며 살 것인지, 아니면 오늘을 살게 하시는 하나님의 신비 안에 머물며 하나님으로 인해 내일을 기대하는 삶을 살아갈 것인지를 선택해야 합니다.

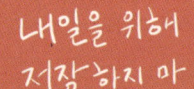

#20
하나님이 일하시는 방법

> 갈릴리 해변으로 지나가시다가 시몬과 그 형제 안드레가 바다에 그물 던지는 것을 보시니 그들은 어부라 예수께서 이르시되 나를 따라오라 내가 너희로 사람을 낚는 어부가 되게 하리라 하시니 곧 그물을 버려 두고 따르니라
> (막 1:16-18).

어느 날, 장모님께서 교회를 지어야겠다고 선포하셨습니다. 자식들 모두가 어안이 벙벙해서 입을 다물지 못하고 있는데, 장모님은 이미 결정하신 겁니다.

장모님이 살고 계시는 지역에 육군 대대급 부대가 하나 있는데 그곳 군인들이 식당에서 예배를 드렸다고 합니다. 그런데 부대 현대화의 일환으로 식당 건물이 헐리게 되었고, 그러면 예배드릴 장소가 사라진다는 것이었습니다. 하나님의 교회가 사라지는 것은 절대 보지 못하겠기에 장모님 자신이라도 교회를 지어야겠다고 마음먹으신 겁니다.

교회를 짓는다는 것은 간단한 문제가 아닙니다. 당연히 자식들 모두 반대했습니다.

"교회가 없어져도 그건 군대가 알아서 할 일이지 그걸 왜 우리가, 아니 정확히 말해서 엄마가 책임을 지시려고 하세요?"

"교회를 지으려면 당장 돈이 많이 들어가야 하는데, 집에 그럴 돈이 어디에 있어요?"

"이제 더 이상 큰일(?) 벌이지 마시고 그냥 편안하게 사시면 안 되요?

그게 자식들 소망이에요."

집안 사람 모두가 반대했습니다. 어떤 자식들은 목소리를 높여서 반대하고, 어떤 자식들은 속으로 반대했습니다. 아버님은 말씀을 하지 않으셨지만 자식들 모두는 아버님 역시 반대하셨을 거라고 짐작했습니다. 그런데 장모님은 자식들 모두의 반대에도 불구하고 그 일을 기어이 시작하셨습니다.

얼마 후 교회 짓기를 시작하셨다는 소식이 들려왔고, 또 얼마 후 교회가 완공되었다는 소식이 들려왔습니다.

다시 몇 년 후, 장모님의 요청으로 그곳에서 설교하기 위해 방문했습니다. 멀리서 십자가가 보였습니다. 작지만 예쁘게 잘 지어진 교회였습니다.

강단에 섰을 때, 그곳에 모인 100여 명 가까이 되는 젊은 군인들을 보고 깨달았습니다. 어떤 이들은 불가능하다고, 어떤 이들은 우리 일이 아니라고, 또 어떤 이들은 그냥 외면해 버리는 바로 그 일을 하나님은 한 사람을 선택하시고, 그의 마음을 움직이시고, 그에게 그 일을 하게 하신다는 것을요.

하나님은 당신이 선택하신 바로 그 한 사람으로 인해 우리 안에서 놀라운 일을 이루어 오셨습니다. 그리고 지금도 그렇게 하나님은 우리 안에서 당신이 일을 이루어 가고 계십니다.

#21
하나님이 기도를 들으시는 이유

> 주님께서 당신들을 사랑하시고 택하신 것은, 당신들이 다른 민족들보다 수가 더 많아서가 아닙니다. 오히려 당신들은 모든 민족 가운데서 수가 가장 적은 민족입니다. 그런데도 주님께서는 당신들을 사랑하시기 때문에, 당신들 조상에게 맹세하신 그 약속을 지키시려고, 강한 손으로 당신들을 이집트 왕 바로의 손에서 건져내시고, 그 종살이하던 집에서 이끌어 내어 주신 것입니다
> (신 7:7-8, 새번역).

애굽은 강력한 제국이었습니다. 세상에서 가장 강한 나라였고, 가장 화려한 나라였으며, 모두가 살고 싶은 그런 곳이었습니다. 이스라엘은 그 한가운데 살았습니다. 하지만 그들은 화려함과는 거리가 멀었습니다.

존재하지만 존재하지 않았던 사람들, 누구도 눈길을 주지 않았던 사람들, 있으면 도움이 되었지만 언제든지 대체 가능했던 존재들이었습니다. 애굽에서 소위 잘 나간다는 사람들은 아무도 그들의 이름을 몰랐던, 아니 알고 싶어 하지 않았던, 그냥 히브리 사람들, 노예들로 불렸던 사람들이었습니다.

이스라엘은 아무것도 할 수 없었습니다. 자신들의 고달픈 삶이 나아지리라는 어떤 희망도 없었습니다. 그저 눈앞에 주어진 해야 할 일, 벽돌을 만들고 돌을 옮겨서 성을 만들고, 궁전을 만들었습니다. 하나의 작업이 끝나면 다시 다른 작업을 해야 했습니다. 할아버지, 아버지가 그렇게 살았고, 이제는 자신들이 살고 있고, 또 다시 자신들의 아들, 딸들이 그렇게 살아갈 것입니다.

이스라엘은 하늘을 향해, 하나님을 향해 울부짖었습니다. 그들의 외침은, 아니 기도는 400년이나 이어졌습니다. 아무 일 없었고, 또 아무 일 없을지도 모르는 되돌아오지 않는 기도, 하지만 기도밖에는 할 것이 없던, 아니 기도라고 하기에는 너무 초라한 그들의 외침은 그렇게 계속되었습니다.

그래서였을 것입니다. 아무도 그들의 외침을 들어주지 않았기 때문에, 아무도 그들의 소리에 관심을 가져 주지 않았기에 하나님이 나서셨습니다. 400년의 긴 세월, 사람들은 무시했고, 못 들은 척했지만, 하늘의 하나님은 그들의 소리를, 외침을, 기도를 들으셨습니다. 그래서 하나님이 이스라엘을 위해 나서 주셨습니다.

하나님이 우리를 왜 사랑하시냐구요?

볼품이 없어서입니다. 내세울 것 없고, 초라하기 때문입니다. 수가성 우물가의 사마리아 여인처럼 세상에서 잊혀진 존재여서, 아무도 부르짖는 소리를 들어주지 않아서입니다.

세상에서 홀로 외롭게 존재하다가 소리 소문도 없이 사라질 존재이기에 우리 주님이 우리에게 눈을 돌리셨고, 우리의 목소리에 귀를 기울여 주셨고, 우리에게 찾아오신 것입니다. 하나님이 우리의 소리에, 우리의 기도에 귀를 기울이시는 이유입니다.

#22
한국 교회에 위기?

나도 너에게 말한다. 너는 베드로다. 나는 이 반석 위에다가 내 교회를 세우겠다. 죽음의 문들이 그것을 이기지 못할 것이다(마 16:18, 새번역).

언제부터인가 한국 교회가 위기라는 말들이 들리기 시작했습니다.
"교인 수가 줄고 있다."
"교회에 나이 드신 분들만 있고 젊은 사람들이 없다."
"아이들이 없다."
처음 주 5일 근무를 시작할 때쯤에는 이런 위기의식이 있었습니다.
"주말이 오면 사람들이 이제 산으로 들로 나가고 교회는 텅 빌 것이다. 이런 추세대로 가면 30년 후에 한국 교회는 사라질 것이다."
정말 그럴까요?
교회가 위기라는 생각은 하나님으로부터 나온 생각이 아닙니다. 생각의 흐름을 한번 보십시오. 우리 안에 교회가 사라질지도 모른다는 생각이 들어오면 그 순간 우리의 머리가 움직이기 시작합니다.
'교회는 위기다. 이제 곧 사라질지 모른다.
그러면 이제 내가 어떻게 해야 교회를 위기에서 구할 수 있을까?
내가 할 수 있는 일이 무엇일까?'
뭐 대충 이런 시나리오대로 움직일 것입니다. 하지만 이 시나리오에는 주님이 없습니다. 대신 우리가 자리합니다. 우리가 회개하고, 우리가 각성하고, 우리가 영적 부흥을 가져와야 하는 주체가 되어야 하는 겁니다. 하나님은 없고 우리만 남게 되는 겁니다. 교회의 진정한 위기의 시작입니다.

교회에 대한 걱정은 우리의 몫이 아닙니다. 교회의 주인은 주님이십니다. 그러니 주님이 알아서 하실 것입니다. 교회를 이 땅에서 없애기로 마음 먹으신다면 예전 소돔과 고모라처럼 망하게 하실 것입니다. 하나님이 결정하시면 그대로 될 것입니다. 우리의 힘으로는 막을 수 없습니다.

아브라함이 소돔과 고모라를 위해 기도했던 것보다 열 배나 더 열심히 기도한다고 해서 되는 일이 아닙니다. 교회는 온전히 하나님께 속해 있고, 결정은 하나님의 몫이기 때문입니다. 우리가 걱정할 필요 없습니다.

이 땅에서 교회가 없어질 날은 오지 않을 것입니다. 물론 일시적으로 흔들릴 수 있고 예배드리는 사람들이 숫자가 줄어들 수도 있을 것입니다. 하지만 바로 그 순간, 우리가 위기라고 느껴지는 바로 그 자리가 우리가 다시 하나님을 기대하고, 하나님이 허락하신 부흥을 기다려야 할 때입니다. 왜냐하면, 우리가 할 수 없는 그때 우리 주님의 시간이 될 것이기 때문입니다. 그리고 지금이 바로 그 시간, 주님의 시간입니다.

#23
우리가
열매 맺는 것이
아닙니다

> 내게 붙어 있으면서도 열매를 맺지 못하는 가지는, 아버지께서 다 잘라 버리시고, 열매를 맺는 가지는 더 많은 열매를 맺게 하시려고 손질하신다 (요 15:2, 새번역).

몇 년 전 아이들 외가집에 두 그루의 대추나무를 심었습니다. 그런데 영신통치가 않습니다. 처음 살 때 안내문에는 2-3년이면 열매를 맺을 것이라고 되어 있었는데, 4-5년이 지난 지금도 열매가 없습니다. 2년 전에는 3개 정도 열렸고, 올해는 몇 개가 열리는 것 같더니 다 떨어져 버려 정작 가을이 되어서는 하나도 남지 않았습니다.

열매 맺지 못하는 대추나무를 보며 생각했습니다.

'무엇이 잘못 되었을까?'

첫 번째 처방으로는 나무를 옮겨 심는 것이었습니다. 그런데 효과가 없었습니다. 그래서 거름을 듬뿍 주었습니다. 역시 별 변화는 없었습니다.

'땅이 별로인가?'
'햇볕을 못 받는 것인가?'
'잡풀이 너무 많아서 그런가?'
'약을 쳐야 하는가?'

대추나무에서 열매를 얻기 위해 여러 가지 시도를 해 보았지만 다 소용이 없었습니다. 이제는 그냥 '내년에는 좀 열리겠지' 하는 막연한 기대뿐입니다.

여기서 한 가지, 대추나무의 열매를 얻기 여러 가지 해결책을 찾았지만, 정작 가지에 대해 생각하지는 않았습니다. 열매를 맺는 것은 가지와는 별 상관이 없기 때문입니다. 가지가 튼실해야 많은 열매를 맺어도 견딜 수 있겠지만 어디까지나 부차적인 문제입니다. 가지는 나무에 붙어 있기만 하면, 그래서 나무가 주는 영양분을 열심히 빨아들이기만 하면, 열매는 자연스럽게 얻어지는 것입니다. 열매를 맺고 안 맺고는 전적으로 나무의 역할이지 가지와는 상관 없는 겁니다.

우리는 가지인데 열심히 일해서 많은 열매를 맺어야 한다고 생각합니다. 열심히 사람들에게 복음을 전하고, 많은 복음의 열매를 맺는 것이 우리의 역할이라는 겁니다. 그런데 아닙니다.

가지는 열매를 맺는 주체가 아닙니다. 가지에게 필요한 것은 열심히 나무에 붙어 있는 것입니다. 복음의 열매 역시 같습니다. 물론 우리는 세상을 향해 복음을 선포해야 합니다. 하지만 열매가 맺어지고 아니고는 우리의 몫이 아닙니다. 철저히 하나님의 몫입니다. 우리는 하나님이 한 사람을 구원하시기 위해 사용하시는 복음의 통로이고, 하나님의 구원의 증인일 뿐, 하나님이 하시는 것입니다.

그러므로 우리는 그저 나무되시는 하나님께 열심히 붙어서 하나님이 주시는 은혜로 살아가는 것, 그러면 하나님이 우리의 삶에 복음의 열매를 맺게 하시는 겁니다.

24
믿음은 자라고 있어요

예수는 지혜와 키가 자라가며 하나님과 사람에게 더욱 사랑스러워 가시더라 (눅 2:52).

고등학교 2학년 때 일입니다. 같은 반 여자 아이가 제 곁에 와서 무엇인가 물어보려다 저를 올려다보며 한마디 합니다.

"너 언제 컸니?"

그 친구와는 중학교 1학년 때 같은 반이었습니다. 그때 제 키가 153센티미터, 그 친구는 167센티미터, 제 눈에는 그 친구는 나보다 훨씬 큰 아이, 반대로 그 친구의 눈에 저는 작고 귀여운(?) 아이였을 겁니다. 우리는 그렇게 서로의 머리에 각인되었습니다.

우리가 고 2가 되어 제 키가 177센티미터 되었을 때 그 친구는 여전히 167센티미터였을 때도, 여전히 저에게 그 친구는 키 큰 여자아이였고, 그 친구에게 저는 작은 꼬맹이로 남아 있었던 겁니다.

그러다 우연히 제 옆에 다가온 친구가 훌쩍 커 버린 저를 올려다보며 깜짝 놀라, "너 언제 컸니?"라고 물은 겁니다. 물론 저 역시 놀랐죠. 그 친구는 저보다 훨씬 큰 여자아이였는데 어느 순간 저를 올려다보고 있었으니 놀라는 것은 당연한 거였습니다.

우리는 누구도 우리가 키가 크고 있다는 것을 느끼지 못합니다. 하지만 우리는 우리가 모르는 사이에 꾸준히 크고 있습니다. 그러다가 어느 순간 훌쩍 커 버린 우리를 자각하게 되는 것이죠.

제가 왜 이렇게 키 이야기를 하고 있는지 궁금하실 겁니다. 사실 제가 말하고 싶은 것은 우리의 믿음의 성장입니다. 그리스도인들이라면 모두가 자신의 믿음이 빨리 성장하기를, 그래서 흔들리지 않는 큰 믿음, 반석 같은 믿음을 가지기를 소망합니다.

하지만 우리의 현실은 그렇지 못합니다. 아주 사소한 일에도 흔들립니다. 어제 흔들린 일 앞에 오늘도 여전히 흔들리고 있는 우리의 모습을 보면서 실망하고 좌절합니다. 아무리 애써도 변화하지 않는, 성장하지 않는 것처럼 보이는 우리의 믿음을 보며 우리는 우리가 가진 믿음이 기껏해야 어린아이 수준이고, 언제든지 무너질지 모른다고 생각합니다.

그런데 아닙니다. 우리는 우리가 모르는 사이에 키가 컸듯이 우리의 믿음 역시 우리가 모르는 사이에도 꾸준히 성장하고 있습니다.

동의가 안 되시나요?

물론 어제, 아니 일주일 전을 보면 분명 우리에게 어떤 변화도 보이지 않을 겁니다. 하지만 10년 전, 아니 처음 예수를 믿었을 때를 떠올려 보십시오. 처음 교회를 다니기 시작했을 때, 우리는 아마도 의심을 한두 번 해 봤을 것입니다.

'정말 예수님이 계실까?'

힘들고 어려울 때는 '하나님은 없다'고 생각했을 수도 있습니다.

하지만 지금은 어떻습니까?

물론 우리는 10년 전이나 지금이나 무너지는 것은 마찬가지일 겁니다. 하지만 10년 전 무너질 때는 '하나님 없다'는 생각을 했지만 지금은 아무리 무너져도 '하나님 없다'는 생각은 하지 않습니다. 대신 우리는 "아이고 하나님" 합니다. 별거 아닌 것 같지만 큰 변화, 아니 성장입니다.

10년이 지난 지금 우리는 하나님 없이 살아갈 수 있는 사람이 아닙니다. 우리의 믿음은 그렇게 우리가 모르는 사이에 이미 훌쩍 자랐습니다. 그리고 계속해서 우리는 우리도 모르는 사이에 하나님 안에서 믿음의 사람으로 성장해 나가고 있는 것입니다.

10년 전을 뒤돌아보면 지금의 우리 믿음은 많이 성장했을 겁니다. 그리고 다시 10년 후의 모습을 한번 상상해 보십시오. 우리가 지난 10년간 믿음의 사람으로 훌쩍 자란 것처럼, 10년 후 우리는 지금의 우리보다 더 많이 성장하고, 더 많이 하나님을 닮아 있을 것입니다. 우리 하나님이 그렇게 하실 것입니다.

# 25
하나님의 협박

> 무릇 내게 붙어 있어 열매를 맺지 아니하는 가지는 아버지께서 그것을 제거해 버리시고 무릇 열매를 맺는 가지는 더 열매를 맺게 하려 하여 그것을 깨끗하게 하시느니라(요 15:2).

성경에는 무서운 말씀들이 여러 군데 있습니다. 오늘 말씀도 그중 하나인데 이 말씀을 읽고 느끼는 그대로 이해한다면 이렇습니다.

'우리는 구원받은 사람으로서 열매 맺는 사람으로 살아야 한다. 그런데 우리가 열매를 맺지 못한다면 우리는 하나님으로부터 잘릴 것이다. 만일 당신에게 지금까지 열매가 없었다면 이제 당신도 곧 잘려 나갈 것이다. 신랑을 맞을 준비를 하지 못한 다섯 처녀처럼, 잔치에 초대되었지만 예복을 입지 않았던 사람처럼 슬피 울며 이를 갈아야 하는 것이 당신이 운명이 될 것이다.'

우리가 하나님으로부터 잘려져 나갈 수도 있고, 버림받을 수 있다는 겁니다. 하나님으로부터 끊어진다는 것이고, 결국 불에 던져지게 된다는 말씀입니다. 그런데 문제는 우리입니다. 아무리 생각해 봐도 특별한 열매가 기억나지 않습니다. 또 앞으로도 열매를 잘 맺을 수 있다는 보장도 없습니다.

그러면 이제 죽어야 하는 건가요?

이 말씀은 결국 하나님의 경고인가요?

이에 대한 대답을 제가 아버지가 된 후에, 정확히 말해서 아이들을 협박(?)하던 어느 날 제대로 알게 되었습니다.

"이놈들, 앞으로 한 번만 더 싸우면 가만두지 않을 거야."

아이들의 싸움에 잔뜩 화가 나서 아이들을 야단치고 있습니다. 겨우겨우 화를 참으며, 세상에서 가장 무섭게 협박합니다. 그런데 문득 생각해 봅니다.

'다음'이 되면 정말 아이들을 가만두지 않을수 있을까?

아닙니다. 아이들에게 협박하고 있지만 이미 알고 있습니다. 다음 번에도 아이들을 가만둘 수밖에 없다는 것을. 아이들을 야단치지만, 결국에는 어쩔 수 없다는 것, 쫓아낼 수도, 모른 체할 수도 없다는 것을 알고 있습니다. 할 수 있는 거라고는 세상에서 가장 무서운 말을 찾아 협박하는 수밖에 없는 겁니다. 그러다 문득 하나님이 생각났고, 오늘 말씀이 떠올랐습니다.

그런데 하나님은 정말 우리를 잘라 버리실까?

"열매 맺지 못하는 가지는 아버지께서 잘라 버리신다."

무서운 말씀입니다.

하지만 정말 하나님이 '열매 없는 가지'를 잘라 버리실까요?

아니요. 하나님은 그렇게 하지 못하십니다. 가만두지 않을 것이라고 수없이 협박하지만 결국에는 가만둘 수밖에 없는 부모처럼, 우리 하나님 역시 '잘라 버린다' 하시며 무섭게 협박하고 계시지만, 결국 하나님은 잘라 내지 못하십니다.

왜요?

하나님이 우리를 사랑하시기 때문입니다(요 3:16). 그러니 이 말씀은 '하나님의 협박'도, '하나님의 진노'도, '하나님의 무서움'도 아닙니다. 오히려 하나님이 인간을 향해 "제발 그렇게 좀 해라", "제발 나에게 붙어 있어라" 하시는 호소이자 간절함의 표현입니다. 이것이 바로 하나님이 인간을 사랑하시는 방법입니다.

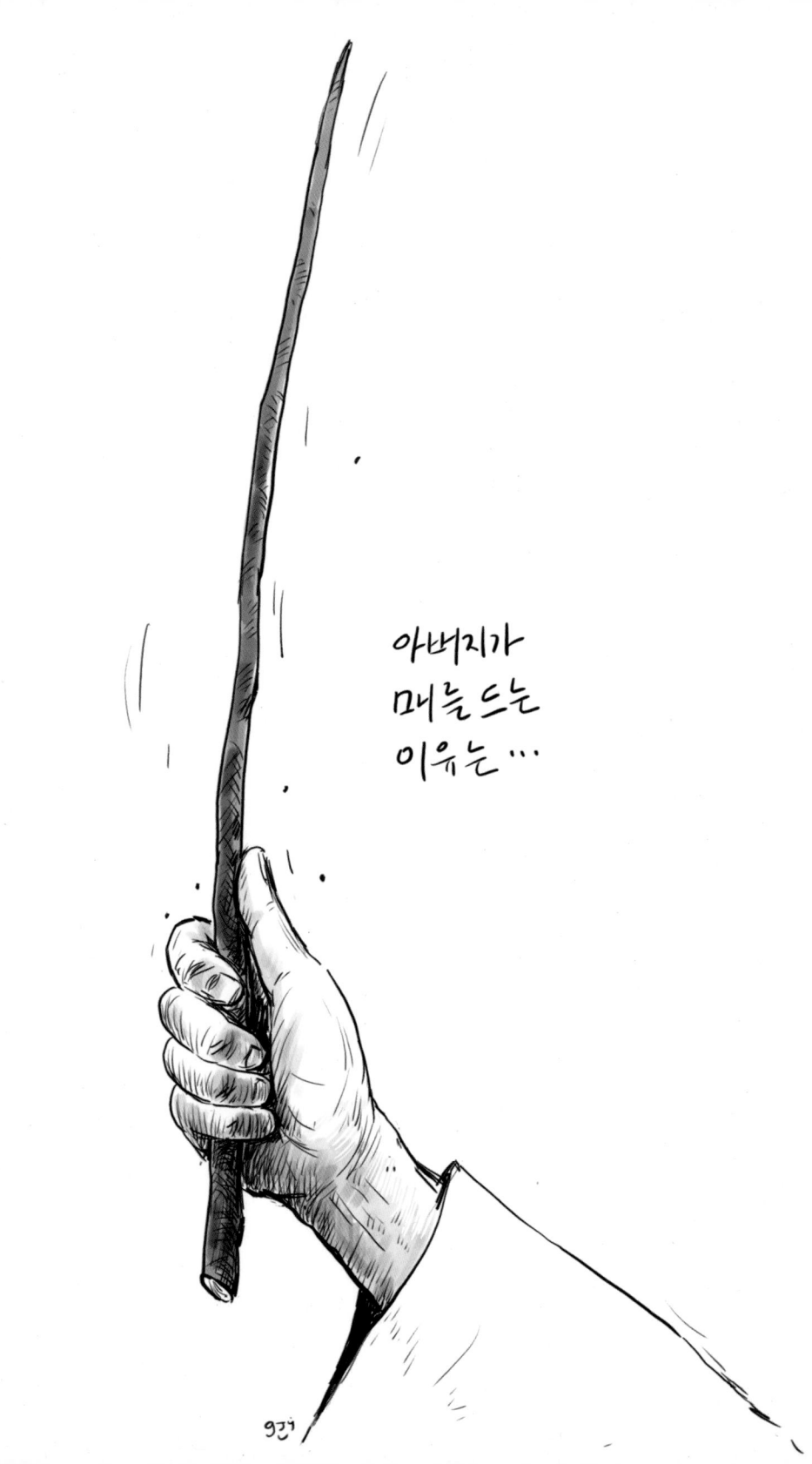

#26 흡연실

> 예수께서 일어나사 여자 외에 아무도 없는 것을 보시고 이르시되 여자여 너를 고발하던 그들이 어디 있느냐 너를 정죄한 자가 없느냐 대답하되 주여 없나이다 예수께서 이르시되 나도 너를 정죄하지 아니하노니 가서 다시는 죄를 범하지 말라 하시니라(요 8:10-11).

청주에서 목회하는 친구 목사가 몇 년 전에 들려준 이야기, 실제로 직접 들은 건지, 아니면 다른 이들의 입을 통해 들은 것인지는 정확하지 않지만, 친구 목사가 개척을 하고 얼마 되지 않은 때 일어난 일이라고 합니다. 이야기는 이렇습니다.

주일예배 후에 갑자기 남자 성도들이 일순간 사라져 버린다는 겁니다. 그러기를 몇 주, 이상함을 느낀 목사는 무슨 일인지 알아보기로 작정하고 성도들 몰래 뒤를 밟았습니다. 뜻밖에도 남자 성도들이 향하는 장소는 교회 옥상이었습니다. 담배를 피우기 위해서였습니다.

당시는 교회를 개척한 지 얼마 되지 않았기에 교회에 나온 대부분의 교인 역시 신앙생활을 시작한 지 얼마 되지 않았습니다. 당연히 교인들에게는 이전(?)의 생활습관이 몸에 배어 있었던 겁니다. 예배드리는 1시간 열심히 참고 있다가 예배 끝나기 무섭게, 교회 안이나 교회 앞에서는 차마 그러지 못하고 옥상으로 올라간 겁니다.

다음 주 목사는 설교 중에 이렇게 말했다고 합니다.

"죄송합니다. 나중에 교회 건축하게 되면 흡연실을 꼭 준비해 드리겠습니다."

어떤 일이 일어났을까요?

저는 당연히 다음 일은 알지 못합니다. 하지만 한 가지 분명한 것은 그 목사는 정말 큰 사람이라는 겁니다. 마음이 큰 거죠. 그리하여 다른 성도들, 부족한 성도들, 교회에 나왔지만 아직도 담배를 피우고 있는 성도들을 충분히 이해하고 충분히 그들을 마음으로 담고 품을 수 있는 그릇을 가진 목사였던 겁니다.

아마 그 설교를 들은 남자 성도들 중에 교회를 떠난 이는 아무도 없었을 겁니다. 당연하겠지요. 담임목사가 그렇게 말하는데 어떤 사람이 그 교회를 떠날 수 있겠습니까.

더 큰 사람이 되어 더 큰 그림을 그릴 수 있었으면 합니다. 교회에는 나름의 규칙이 있습니다. 일종의 율법 같은 것인데 '하지 말아야 할 것들'과 '해야 할 것들'이 있습니다. 우리 모두가 그런 '잣대' 하나쯤은 가지고 있는 겁니다.

그리고 어떤 사람이 교회에 들어오면 우리는 우리의 잣대를 가지고 그 사람을 재는 거지요. 일단 판단해야 하니까요. 누가 시키지도 않았는데 우리는 믿음의 감별사가 되어 진짜인지 가짜인지 구별해 내려는 겁니다.

그런데 우리가 놓치고 있는 것이 있습니다. 우리는 우리가 상대방을 재고 있다고 믿지만 실제로는 반대의 경우, 상대방이 우리를 재고 있다는 겁니다. 교회 사람들이 어떤 사람들인지, 하나님의 사랑을 입으로 달고 사는 이 사람들이 정말 마음으로 사랑하는 사람들인지, 상대방의 아픔을 이해하고 부족함을 사랑으로 채워 줄 수 있는 사람인지, 그래서 정말 예수님의 사랑이, 하나님의 사랑이 세상에 있는지를 우리를 통해 보기를 원한다는 겁니다.

그런데 어떻습니까?

지금껏 우리는 이 시험에 통과하고 있습니까?

그리하여 그들로부터 인정받고 그들의 좋은 이웃이 되어 있습니까?

예수님을 닮아 간다는 것, 추상적인 것 같지만 다시 생각해 보면 아주 간단합니다. 반대로 행동하면 되는 겁니다. 예수님이 이 땅에 오셔서 당시 세상과 반대로 살아가셨듯이 우리 역시 반대로 살아가면 되는 겁니다.

그러니 이제 우리는 세상을 향해 큰 사람이 되라고 요구하는 대신 우리가 큰 사람이 되어 보는 겁니다. 교회에서 담배 냄새 나는 사람에게 손가락질 하는 대신 모른 척 슬쩍 지나가는 겁니다.

아니면 '가글'이나 '향수'를 선물로 주는 것을 어떨까요?

아무튼 우리가 할 수 있는 작은 친절을 베푸는 겁니다.

무슨 일이 일어날까요?

분명한 것은 그 사람이 우리로 인해 교회를 떠나는 일은 없을 것이라는 것, 몇 년이 걸릴지 모르지만 어느 날 그 사람은 교회의 집사가 되고 장로가 되어 있을 것이라는 겁니다. 그리고 우리는 조금 더 큰 믿음의 사람, 사랑의 사람이 되어 있을 것이라는 겁니다.

#27
하나님의 사기

> 내가 말하였거니와 내가 너희를 애굽의 고난 중에서 인도하여 내어 젖과 꿀이 흐르는 땅 곧 가나안 족속, 헷 족속, 아모리 족속, 브리스 족속, 히위 족속, 여부스 족속의 땅으로 올라가게 하리라 하셨다 하면(출 3:17).

이스라엘은 애굽에 살았습니다. 400년입니다. 풍요로운 삶과는 거리가 멀었지만, 매일 주어진 분량의 일을 채우기 위해 애쓰고 힘쓰고 땀을 흘려야 했지만, 그래도 대를 이어 하는 일이었고, 어느 정도 내일이 예측되는 삶이었습니다. 그럭저럭 살아 내고 있었습니다.

그런데 모세라는 사람이 찾아왔습니다. 이제 더 이상 남의 땅에서 살지 않아도 된다고, 내 이름으로 된 땅문서를 가지고 살 수 있다고, 그 땅은 젖과 꿀이 흐르는 풍요로운 땅이라고 함께 가자고 했습니다. 그래서 무작정 떠났습니다.

그런데 사기였습니다. 하나님은 젖과 꿀이 흐르는 땅이라고 말씀하셨는데 현실은 돌멩이와 모래뿐인 땅, 아무도 살 수 없는 광야에서 40년의 방황입니다.

그렇게 겨우 도착했는데, 이제 자신들의 이름표를 박고 살아갈 수 있는 땅에 도착했는데, 그 땅 역시 가관입니다. 산은 높고 골짜기는 깊어서 농사지을 땅도, 또 끌어다 쓸 물도 없습니다. 강은 커녕 하늘에서 찔끔 내리는 비만 바라보고 살아야 하는 땅이었습니다.

오죽하면 주변에 살던 사람들이 거들떠보지도 않아서 군데군데 빈 땅으로 있었겠습니까?

젖과 꿀이 흐르는 땅이라는 말은 정말 사기였고 다 거짓말이었습니다.

그런데 왜 하나님은 하필 황무지, 버려진 땅, 다른 민족들이 그나마 살 만한 곳은 모두 차지하고 남아 있는 것이라고는 아무것도 없는 곳으로 인도하셨을까요?

정답은 바로 그렇기 때문입니다. 아무리 눈을 둘러보고 찾아봐도 자신들의 힘으로는 살아갈 수 없는 땅이기에, 그 땅에서 살아가기 위해서는 오직 하나님만을 바라볼 수 없는 그런 땅이었기 때문입니다. 그 땅에서 이스라엘은 오직 하나님만 보고 살아야 했기 때문입니다.

그런데 문득 드는 생각이 있습니다.

만일 가나안에 정말 젖과 꿀이 흘렀다면, 아니 우리가 하나님 없이도 잘 살 수 있다면 어떤 일이 일어났을까요?

이스라엘, 조금만 살 만 하면 하나님으로부터 멀어졌습니다. 우리도 별수 없을 것입니다. 그냥 '하나님 없지요' 하며 살았을 것입니다. 그런데 하나님은 우리를 너무도 잘 아셔서 하나님 없이 살 수 없게 하셨습니다. 젖과 꿀도, 흐르는 강도 없이 그저 하늘, 하늘의 하나님만 보고 살아가게 하셨습니다. 그러니 하나님의 은혜이고 우리가 감사해야 할 이유입니다.

나의 계산으로
도무지 해결 방법이
없는 막막함

#28
내 이름으로 살아가기

> 이제 후로는 네 이름을 아브람이라 하지 아니하고 아브라함이라 하리니 이는 내가 너를 여러 민족의 아버지가 되게 함이니라(창 17:5).

예전에 수원의 OO교회에서 사역할 때, 여집사님들로 이루어진 그룹을 인도할 기회가 있었습니다. 첫 모임에서 간단한 규칙을 하나 정했습니다. 그것은 '아이들 이야기 금지'였습니다.

"모임에 참석해서 하고 싶은 말은 다 해도 됩니다. 저는 절대 중간에 자르거나 하지 않겠습니다. 하지만 한 가지 예외, 아이들에 대한 이야기를 하시면 제가 중간에 끼어들어 중지시키겠습니다. 그러니 앞으로 2시간은 아이들은 잊고 본인들의 이야기만 하는 겁니다."

아주 간단한 규칙이라고 생각했는데 그렇지 않았습니다. 모임의 규칙이 정해지고 첫 번째로 이야기를 꺼낸 집사님의 첫마디가 "제 아이는"이었습니다. 당연히 제가 끼어들었죠.

"잠시만요, 아이들 이야기는 금지입니다."

그런데 다음에 또 이야기는 중단되었고, 2시간 내내 저는 이야기를 중지시켜야 했습니다. 중간중간 어색한 침묵은 덤이었습니다. 평소 그렇게 말이 많던 집사님들의 입에서 아이들의 이야기가 빠지니 어색한 침묵만 흘렀습니다.

그 모임에 모인 집사님들, 결혼하여 아이가 태어나기 전까지 자신의 이름으로 살았을 것입니다. 부모님으로부터, 친구들로부터, 사랑하는 사람으로부터 자신의 이름이 불리워졌을 것이고, 또 자신도 자신의 이름으로 살았을 것입니다.

하지만 결혼을 하고 아이가 태어나면서 삶의 중심이 자신에게서 남편에게, 그리고 아이들에게로 이동해 갔을 것이고, 자신도 모른 사이에 누구의 아내, 누구의 엄마로 살아가는 데 익숙해졌을 것입니다. 그 사이 '자기'는 잊혀지고 다른 이들의 '누구'로 살아왔던 것입니다. 그러니 정작 자신의 이름으로, 자신의 이야기를 해 보라고 했을 때, 특별히 할 이야기가 없었던 것입니다.

집사님들의 입에서 아이들의 이름이 사라지는 데 3주라는 시간이 걸렸습니다. 물론 그 시간 동안 저는 끊임없이 그분들의 이야기를 중간에 제지하고 끊어야 했습니다. 그렇게 3주가 흐르자 놀라운 일이 일어났습니다.

주저하고 어색해하던 집사님들의 입에서 자신의 이야기가 나오기 시작했고, 자신의 신앙고백이 흘러나오기 시작했습니다. 그 이후 저는 할 일이 없었습니다. 모임 한 구석에 앉아 집사님들의 신앙고백을 들으며 그분들이 경험해 오신 하나님의 은혜를 함께 누리는 것, 그것이 제가 그 학기에 경험한 모든 것이었습니다.

하나님이 우리를 이 땅에 보내시기 전, 우리에게 주신 사명이 있습니다.

그것이 무엇일까요?

저는 우리의 이름을 생각합니다. 우리 부모님이 우리에게 이름을 지으실 때, 아니 우리 하나님이 우리에게 이름을 주실 때 우리에게 그 이름대로 살아가기를 원하셨을 것입니다.

그렇다면 내 이름은?

내 이름을 먼저 찾아야 합니다. 누구의 엄마, 누구의 아빠, 직장에서의 직위, 사회적인 위치에서의 내 모습으로 포장되어 보이지 않는, 잊혀진 우리의 이름을 먼저 기억해 내야 합니다. 그리고 그 이름의 뜻, 하나님이 우리에게 이름을 주시고, 그대로 살아가라고 하신 그대로의 삶을 회복해야 하고, 그 이름대로, 그 이름으로 살아가야 합니다. 그것이 하나님이 우리에게 이름을 주신 이유일 것입니다.

#29
조금 교만해도 되지 않을까요?

> 네가 누구에게나 혼인 잔치에 청함을 받았을 때에 높은 자리에 앉지 말라 그렇지 않으면 너보다 더 높은 사람이 청함을 받은 경우에 너와 그를 청한 자가 와서 너더러 이 사람에게 자리를 내주라 하리니 그 때에 네가 부끄러워 끝자리로 가게 되리라(눅 14:8-9).

그리스도인에게 겸손은 미덕입니다. 우리는 교회에서 어린 시절부터 그리스도인은 겸손해야 한다고, 모든 것이 하나님의 은혜이기에 하나님만 영광 받아야 한다고 배웠습니다. 그런데 이게 문제입니다. 배운 것이 겸손밖에 없으니 자동적으로 겸손만 찾고 있습니다. 충분히 잘하고 있는데도 '부족하다 부족하다' 하게 되는 겁니다.

그러다가 정말 부족하다고 믿게 되는 거지요. 그래서, 늘 부족하다고, 아직 멀었다며 결국 이렇게 말하는 겁니다.

"하나님, 아직 오시면 안 됩니다. 조금 더 시간 주시면, 조금 더 준비가 되면 오십시요."

겸손은 좋습니다. 하지만 겸손이 무조건 '부족합니다', '못합니다', '안됩니다'가 아닙니다. 그리스도인의 겸손이란 자신을 바닥에 두고, 자신을 가장 아랫자리에 두는 것이 아니라, '하나님 앞에 서는 것'(어느 분의 페이스북에서)입니다.

우리 그리스도인은 하나님 앞에 서는 사람입니다.

그런데 하나님 앞에 서서 무엇을 할 겁니까?

그냥 서 있기만 하나요?

아니죠. 이야기해야죠. 우리가 살아온 이야기, 특별히 포기하지 않고 하나님을 향해 걸어온 이야기를 하는 겁니다. 자랑입니다.

물론 이것도 하나님의 은혜이지만 뭐 어떻습니까?

부모의 눈에는 아이의 자랑이 부모의 자랑이듯이 우리의 자랑, 아니 우리의 작은 교만 정도는 괜찮을 겁니다.

"하나님, 제가 포기하지 않았습니다. 하나님 제가 하나님의 부르심의 자리에 서기 위해 열심히 살고 있습니다."

뭐 이 정도 자랑은 하나님 앞에서 해도 되지 않을까요?

그리고 거기에서 한 걸음 더 나아가는 것입니다. 하나님 앞에 서는 날을 상상해 보는 거죠.

정말 하나님 앞에 서는 날, 우리 하나님을 대면하는 바로 그날, 어떻게 할까요?

이야기하는 겁니다. 우리가 얼마나 힘들었는지, 얼마나 고생스럽고 어려운 삶을 살아 내었는지, 그럼에도 불구하고 포기하지 않고, 주님을 만난 날을 고대하며 하루하루를 버텨 왔는지를 자랑해야죠. 그러면 하나님은 우리를 위로해 주실 겁니다. 우리의 수고함에 하나님께서 그 정도는 해 주실 겁니다.

그날을 위해 지금부터 연습해야 합니다. 자랑은 갑자기 되지 않습니다. 우리가 믿음으로 살아 내고 있는 이 삶, 매일 하나님 앞에 서서 자랑해야 합니다. "하나님, 부족합니다", "못합니다"보다 "하나님, 저 이렇게 잘하고 있습니다"가 더 나은 이유입니다.

#30
신천지 신도와의
만남에서

> 주께서 사랑하시는 형제들아 우리가 항상 너희에 관하여 마땅히 하나님께 감사할 것은 하나님이 처음부터 너희를 택하사 성령의 거룩하게 하심과 진리를 믿음으로 구원을 받게 하심이니(살후 2:13).

몇 년 전에 천안으로 미국에서 온 전도팀과 함께 버스킹을 나갔을 때입니다. 우리 팀은 공원 한가운데서 찬양을 하고, 저는 근처 벤치에 앉아 있는데 중년의 한 여인이 다가왔습니다.

"목사님이시죠?

저는 신천지 신도입니다."

대뜸 자신의 정체를 드러내고는 이야기를 하자고 합니다.

"아니요. 저는 별 관심이 없어서요. 어차피 그쪽도 제가 하는 이야기 듣지 않으실 거잖아요. 저도 마찬가지입니다. 무슨 말씀을 하시든지 제가 듣지 않을 거니 서로 시간 낭비하지 않았으면 합니다."

누군가와 말싸움을 해야 하는 것이 귀찮아져 시큰둥하게 대화를 거부했습니다. 그런데 그분은 포기하지 않았습니다.

"목사님, 마태복음에 보면 마지막 때에는 임신한 여자들이 세상에서 가장 불행하다고 하는데 왜 그런가요?"

신천지 특유의 질문지를 저에게 내밀며 답변을 요구했습니다.

여전히 귀찮은 저는 이렇게 답했습니다.

"저에게 자꾸 답을 이야기하라고 하지 마시고 일단 그쪽에서 답을 말씀해 보세요. 그러면 저도 답을 드릴게요."

어차피 조용히 있기는 틀려 버렸고, 무슨 말을 하는지 한번 들어보자는 심정으로 자세를 고쳐 앉았습니다. 상대방은 그런 저를 보며 '뭐 이런 목사가 다 있어' 하는 표정으로 자신의 이야기를 했습니다. 그런데 제 입이 가만있지 못했습니다.

"아, 그건 그렇게 해석하면 안 됩니다. 성경에서 이야기하는 것은 그게 아니니까요."

처음에는 잘못 해석하는 부분을 고쳐 주자고 몇 마디 했는데 어느 순간부터 제가 이야기를 하는 쪽이 되어 있고 상대는 듣고 있었습니다.

얼마나 시간이 지났을까 상대가 이제 가야 한다고 일어서려고 했습니다. 그런데 제 마음에 갑자기 안쓰러운 마음이 올라왔습니다.

"가시기 전에 제가 기도 한번 해 드릴게요."

원래 길에서 누군가를 위해 기도하는 스타일은 아닌데 그 순간만큼은 저도 왜 그러려고 하는지 이해가 되지 않았습니다.

"아니에요. 그냥 갈게요."

난처해하며 마다하는 상대에게 말했습니다.

"제 시간을 30분 이상 뺏어 가셨으면서 3분도 저에게 못 주십니까?"

거의 억지로 상대를 앉혀 놓고 기도해 주었습니다.

"저도 목사이지만 목사의 말들이 다 맞는 것은 아닙니다. 목사들의 하는 말을 잘 듣고 그대로 믿지 마시고 스스로 한번 판단해 보세요."

안쓰러운 마음에, 그렇다고 '당신은 틀렸다'라고 말할 수도, 아니 말해도 먹히지 않을 상대를 보내며, 혹 시간이 지나 제 말을 떠올리고 자신이 있는 자리를 다시 한번 생각해 보았으면 하는 마음으로 전한 마지막 말이었습니다.

제 생애 처음으로 만난 신천지 신자와의 대화는 그렇게 끝났습니다. 그리고 저는 생각합니다. 우리가 신천지를 비롯한 이단이나 비그리스도인들을 만났을 때 '나는 맞고 당신은 틀리다'의 명제를 뛰어넘었으면 좋겠다는 겁니다. 우리는 우리가 옳다는 것을 증명할 필요가 없습니다. 우리는 그냥 옳은 길, 하나님의 말씀 위에 서 있는 겁니다.

그러니 상대방을 향해 적대감을 품을 필요가 없는 겁니다. 그들이 우리를 아무리 흔든다고 해도 우리가 서 있는 곳이 진리이고 우리가 예수 그리스도 안에 서 있기에 흔들리거나 두렵거나 할 필요도 없습니다. 당연히 논쟁할 필요도 없고 싸워야 할 필요도 없지요. 누가 뭐라고 해도 그냥 살아가면 되는 겁니다.

대신 우리는 조금 큰 사람이 되어 보는 겁니다. 상대를 품어 보는 겁니다. 지금 우리 앞에 있는 사람은 우리를 위협할 수 있는 힘을 가진 위험한 존재가 아니라 그 역시 진리를 찾고 있지만 거짓 선생들, 가짜들에게 속아 잘못된 곳에 서 있는 사람들입니다. 그들을 향해 우리는 사도 바울이 갈라디아 교회, 거짓 선생들에게 미혹당한 갈라디아 교인들을 향해 가졌던 안타까움을 가져야 합니다.

그들이 우리의 말을 지금 당장 듣는 것은 아닙니다. 당연히 안 먹힐 겁니다. 하지만 우리의 작은 친절이 시간이 지난 후, 그가 자신이 서 있는 자리에 회의를 느끼거나 작은 의심이라도 하기 시작할 때 우리가 전한 한마디의 '진리', 우리가 소개한 한마디의 복음이 그들의 삶을 회복시키고 진리로 나아오게 할 것입니다. 아니 그렇게 되기를 기도해야 합니다.

#31
하나님 앞에 솔직하게

> 조금 나아가사 얼굴을 땅에 대시고 엎드려 기도하여 이르시되 내 아버지여 만일 할 만하시거든 이 잔을 내게서 지나가게 하옵소서 그러나 나의 원대로 마시옵고 아버지의 원대로 하옵소서 하시고(마 26:39).

처음 기도를 배울 때 기도의 공식을 배웁니다. 하나님께 찬양, 감사, 참회, 간구의 순서입니다. 간단했지만 기도를 배워 가는 초보자에게는 기도를 익힐 수 있는, 기도를 빼먹지 않고 잘 할 수 있는 효과적인 방법입니다. 그런데 이 공식대로 기도를 하다 보면 딜레마에 빠질 때가 있습니다. 하나도 감사하지 않은데, 오히려 힘들고 어려운 일뿐인데 기도를 진행하기 위해 감사를 해야, 아니 감사를 찾아야 할 때입니다.

마음으로는 하나도 감사하지 않지만, "하나님, 감사합니다" 하니 기도가 제대로 될 리 없습니다. 잔뜩 화가 나서 '씩씩' 거리면서도 입으로는 감사하고 있으니 기도는 더 이상 기도가 아닙니다. 기도는 어느새 일종의 주문이 되어 버렸고, 기도를 끝낸 후 남는 것은 '오늘도 기도했다' 정도, 어쨌든 오늘도 기도했다는 위안이 기도의 전부입니다.

기도하며 왜 우리는 감사하지 않아도 감사하다고 할까요?

그렇게 배웠기 때문입니다. 하나님께 화를 내거나 불만을 이야기할 수 있다고 배우지 못했기 때문이기도 합니다. 하나님은 왕이시기에 하나님께 불경스러운 단어를 사용할 수도 없고, 화를 내서도 안 됩니다. 오히려 문제가 있으면 하나님 앞에 나아가기 전에 우리가 먼저 해결해야 합니다. 우리 마음에 죄를 품고 하나님 앞에 나아가서는 안 됩니다. 하나님 앞에서는 오직 '감사'만이 있어야 합니다. 우리는 그렇게 배웠습니다.

예수님의 기도는 다릅니다. 예수님은 하나님 앞에서 "하나님, 저 싫어요" 합니다. 예수님이 하나님의 뜻을 거역하고 계신 겁니다. 예수님은 두려우셨고, 피하고 싶으셨고, 다른 방법이 있다면 돌아가고 싶으셨습니다.

그래서 예수님은 간절하게 기도하며 하나님께 다른 방법, 다른 길을 구하셨습니다. 예수님 자신이 가야 하는 길에 대한 두려움을 하나님 앞에 토해 내신 겁니다. 아마 밤새도록 그러셨을 것입니다. 그렇게 모든 것을 하나님께 다 토해 놓으신 후, 그제서야 예수님은 마음으로부터 "아버지의 뜻대로"가 되었습니다.

우리의 입술만을 사용한 감사, 순종은 감사도 순종도 아닙니다. 누구보다 우리가 잘 알고 있습니다. 진정한 감사는, 진정한 순종은 하나님 앞에 솔직할 때, 예수님이 자신의 두려움, 아픔을 다 토해 놓으신 후 그 입술에서 "아버지의 뜻대로"가 나왔듯이 우리 역시 우리의 두려움, 아픔을 하나님 앞에 모두 토해 낸 후에야 가능합니다.

우리의 날 선 감정들, 두려움, 근심, 걱정이 모두 내어졌을 때부터입니다. 그제서야 우리는 우리 안에 하나님의 위로하심이 있음을, 하나님의 사랑이 우리를 가득 채우고 있음을 알게 될 겁니다. 우리가 마음으로 감사드리고 우리 입술의 고백이 "아버지의 뜻대로"가 되는 순간입니다.

#32
예수님의 마지막을 함께한 이들

> 예수께서 큰 소리로 불러 이르시되 아버지 내 영혼을 아버지 손에 부탁하나이다 하고 이 말씀을 하신 후 숨지시니라 … 예수를 아는 자들과 갈릴리로부터 따라온 여자들도 다 멀리 서서 이 일을 보니라(눅 23:46, 49).

예수님이 십자가에 못 박히셨고 그곳에서 예수님은 "아버지 내 영혼을 아버지 손에 부탁하나이다"라는 기도와 함께 숨을 거두셨습니다. 그러나 예수님의 죽음은 그렇게 외롭지는 않았을 것 같습니다. 예수님을 따르던 사람들, 모두는 아니었고, 비록 중요한 사람들도 아니었지만, 그래도 그들이 예수님의 마지막 순간을 함께했기 때문입니다.

성경은 그들을 "예수를 아는 자들과 갈릴리로부터 따라온 여자들"이라고 한 묶음으로 묶어서 기록하고 있습니다. 물론 마태복음에는 그중 몇몇의 이름을 소개하고 있기는 합니다.

막달라 마리아, 야고보와 요셉의 어머니 마리아, 세베대의 아들들의 어머니 정도가 이름이 기록되었을 뿐 대부분의 여인은 이름도 없이 예수님을 따랐고 예수님의 마지막을 지켰습니다.

그런데 재미있는 것은 예수님을 따르던 자들 중에 유명한 사람들, 우리가 알고 있는 예수님의 수제자 베드로를 포함한 열두 제자는 그 자리에 없었다는 겁니다. 그중에 하나는 예수를 판 자였기에 예외로 한다고 해도, 예수님이 유대인들에 잡히셨던 바로 그 순간, 함께 자리에 있던 열한 명의 제자들은 예수님이 마지막 숨을 거두시는 그 자리에 있지 않았습니다. 예수님이 잡히시는 순간 이미 베드로를 제외한 열 명의 제자들은 사라져 버려서 그 어디에서도 찾을 수 없었습니다.

그나마 한 명, 베드로는 그래도 예수님을 멀리서 따라왔지만, 이것도 우리에게 위로가 되지 않습니다. 예수님을 멀리서 따라왔던 베드로 역시 대제사장의 뜰에서 여종을 비롯한 몇 사람의 손가락질에 넘어져 버렸고 어디론가 사라져 버렸기 때문입니다.

그리하여 예수님의 십자가 자리, 예수님의 마지막 순간에 예수님의 열두 명의 제자, 3년이라는 시간을 예수님과 함께했던 그들은 아무도 함께하지 못했습니다(요한복음에는 예수님이 사랑하시는 제자는 함께 있었던 것으로 기록되어 있습니다).

하지만 여인들은 달랐습니다. 그녀들은 몇 사람을 제외하고는, 성경에서는 그 몇 사람의 이름도 거의 언급되지 않았지만, 하나같이 이름 없고, 또 한 무리의 여인들로 묶여져 기록된 여인들이었습니다. 그들은 예수님의 사역에서도 그렇게 중요한 위치를 차지하지도 못했습니다. 그냥 예수님을 따르던 많은 사람 속에 속해져서 최대 3년의 시간을 무리 중에 한 사람으로 보냈던 사람들입니다.

하지만 그녀들은 위대한 사람들이었습니다. 모든 것을 버리고 예수님을 따라온 사람들이었고, 비록 자신의 이름은 역사 속으로 사라져 아무도 알아주지 못하지만 그럼에도 불구하고 예수님의 사역 속에서 끝까지 자신의 자리를 지켰던 사람들이었습니다. 그리고 예수님의 마지막, 제자라는 타이틀을 달았던 유명한 이들이 겁을 먹고 떠나 버린 그 자리에 묵묵히 서서 예수님의 마지막의 증인들이 되었습니다. 그래서 그녀들은 위대한 사람들인 겁니다.

고난 주간을 보내며 한 가지 기도를 드리고 있습니다. 예수님의 곁을 지킬 수 있는 사람이기를 기도하는 겁니다. 그리고 이 기도가 우리 모두의 기도였으면 하는 마음입니다. 분명 대부분의 우리는 예수님의 열두 제자처럼 유명인은 아닐 겁니다. 오히려 갈릴리에서부터 예수님을 따랐던 여인들의 무리 속에 한 사람 정도이겠지요. 하지만 우리들 모두가 기꺼이 그 여인들이 섰던 그 자리에 섰으면 합니다. 왜냐하면, 그곳에서 그녀들이 예수님의 곁을 끝까지 지켰고, 또 예수님의 마지막 기도를 두 눈으로 보고, 두 귀로 듣는 영광의 자리의 주인공이 되었기 때문입니다.

우리는 그녀들이 어떠한 삶을 살아갔는지 모릅니다. 하지만 분명한 것은 그녀들의 삶이 주를 위해 살아갔을 것이라는 것이고, 인생의 마지막까지 믿음을 지켜 냈을 것이라는 겁니다. 그리고 그녀들 인생의 마지막 순간에는 주님이 그녀들과 함께해 주셨을 것이라는 겁니다.

그래서 우리는 예수님의 유명한 제자들이 아닌 갈릴리에서 온 이름 없는 여인들을 부러워해야 하고, 또 그 여인들처럼 끝까지 포기하지 않고 예수님이 걸으신 그 길을 따르기를 위해 기도해야 합니다.

#33
하나님, 두 주인은 안 될까요?

> 집 하인이 두 주인을 섬길 수 없나니 혹 이를 미워하고 저를 사랑하거나 혹 이를 중히 여기고 저를 경히 여길 것임이니라 너희는 하나님과 재물을 겸하여 섬길 수 없느니라(눅 16:13).

'재물과 하나님, 두 주인을 섬길 수 없을까요?'

갑자기 든 생각이 아닙니다. 가끔이지만 재물과 하나님 두 가지 모두 가능할 거라고 생각하곤 합니다. 다른 사람은 몰라도 저는 부유해져도 하나님 잘 믿을 자신이 있습니다.

지금까지 50년을 신앙인으로 살아왔는데, 그동안 하나님이 얼마나 훈련시키셨는데 기껏 재물 정도에 흔들리겠습니까?

'하나님, 저는 이제 준비되었으니 충분히 넘치도록 채워 주셔도 됩니다. 걱정하지 마세요. 저는 절대 누가복음에 나오는 어리석은 부자처럼 하나님이 아닌 재물에 의지하는 실수를 범하지 않을 겁니다.'

뭐 대충 이런 생각입니다.

1월 말 첫째의 고등학교 배정이 있었습니다. 1차 지망으로 집에서 가장 가까운 학교, 아이가 가고 싶은 곳을 지원하고 기다렸습니다. 그런데 막상 발표일이 다가오니 많은 생각이 교차합니다.

'다행히 1차 지망으로 지원한 학교가 되면 좋겠지만, 만일 미끄러져서 엉뚱한 학교, 집에서 먼 학교로 배정되면?'

아이는 울고불고 난리 칠 것이고, 막상 진정된다고 해도 매일 먼 거리의 학교를 다니는 일이 만만한 일은 아닐 겁니다.

'아이를 위해서 수원으로 이사를 해서 전학을 보내야 하나?

아니면 학교 근처로 이사를 가야 하나?

그러면 둘째는 어떻게 하지?

학교가 멀어지면 둘째가 힘들어질 텐데.'

발표가 나지도 않았는데 머릿속은 온통 부정적인 생각들뿐이었습니다.

"하나님, 어떻게 해요?"

그제서야 하나님을 찾습니다. 며칠을 마음고생을 하고 난 후에 겨우 하나님을 찾는 겁니다. 거의 50년 가까이 하나님을 의지하고 살았으면, 하나님의 도우심으로 살았으면 힘들고 어려울 때 바로 "하나님" 해야 하는데 아직도 내 생각이 먼저이고, 내 힘으로 해결하려는 성향이 먼저입니다. 이것저것 다 해 보고 그래도 안 될 때 경우 하나님을 찾습니다.

다행히 아이는 1차로 지원한 학교에 가게 되었습니다.

"하나님, 감사합니다. 다 하나님 덕분입니다."

그런데 여기까지입니다. 다시 일상으로 돌아갔고, 하나님은 잊혀진 존재가 되었습니다. 하나님이 필요 없어졌으니 다시 찾지 않는 겁니다. 다음번에 힘든 일이 있기 전까지는 당분간 하나님과 이별입니다.

하나님과 재물을 함께 섬기는 일은 불가능한 일입니다. 재물이 채워지면 채워질수록 하나님을 찾는 일이 줄어들 겁니다. 걱정 없고 어려운 일 없으면 하나님 찾을 일도 없을 겁니다. 마치 '시소'(seesaw)가 한쪽이 올라오면 다른 한쪽이 내려가는 것처럼 내 삶이 풍요로워지면 하나님 찾을 일은 줄어듭니다. 내 힘으로도 가능한데 하나님까지 갈 필요가 없기 때문입니다.

하나님, 저보다 저를 더 잘 아는 하나님은 그래서 저에게 겨우 살아갈 만큼만 주시나 봅니다. 조금 더 주셔도 하나님 잘 믿고 잘 살 것이라고 큰소리치는 저에게 항상 하나님을 바라볼 정도만으로 살아가게 하셨나 봅니다. 하나님의 은혜입니다. 하지만 오늘도 저는 여전히 같은 소리를 합니다.

"하나님! 부유해져도 하나님 잘 믿을 수 있는데 더 주시면 안 될까요?"

#34
구원의 확신은 과정입니다

> 네가 만일 네 입으로 예수를 주로 시인하며 또 하나님께서 그를 죽은 자 가운데서 살리신 것을 네 마음에 믿으면 구원을 받으리라(롬 10:9).

너무 예민하게 들어서 그런 건지는 모르겠지만 설교를 듣다 보면 구원의 유무를 우리 개인의 확신으로 결정하려고 하는 느낌을 받을 때가 있습니다. 이를테면 구원의 확신이 있으면 구원을 받은 것이고, 그렇지 않으면 '아직'이라는 식입니다. 그러다 보니 교회에서 가장 중요하게 생각하는 것이 개인의 '구원의 확신' 여부입니다.

한 사람의 구원의 여부가 결정된다고 믿는 질문이 반드시 되어야 하는 이유입니다.

"구원의 확신이 있습니까?"

그런데 여기서 조금 삐딱하게 나가서, 만일 개인이 "그렇습니다. 저 구원의 확신이 있습니다"라고 대답하면 그 사람이 구원받은 것이고, 구원이 완성된 것일까요?

구원은 이미 완성되었습니다. 예수 그리스도의 십자가 죽음과 부활로 인해 하나님의 구원 사역이 완성되었습니다. 우주적인 구원의 역사입니다.

그렇다면 이 우주적인 하나님의 구원 효력이 어떻게 개인에게까지 도달할까요?

바로 우리가 예수를 주로 고백하는 순간입니다. 우리가 그리스도의 십자가와 부활의 복음을 마음으로 믿고 입으로 시인할 때(롬 10:10) 구원의 자리에 서는 겁니다. 우리를 향한 하나님의 구원 역사는 이미 완성되었고, 우리는 구원을 받은 겁니다. 하지만 이 사실을 우리가 온전히 받아들이기 위해서는, 개인차는 조금 있겠지만 시간이 걸립니다. 그래서 우리가 구원받았지만, 우리가 말하는 확신의 단계까지 도달하기 전까지는 계속해서 구원에 대한 의문을 가지고 살아가야 하는 겁니다.

우리의 구원은 이미 완성되었습니다. 그리고 우리는 그 구원을 우리의 것으로 받아들이는 것, 인정하는 것, 믿는 것이 필요한데, 여기에는 시간이 필요합니다. 여기에는 과정이 있는 겁니다. 교회를 나오기 시작하고 기도를 배우고, 예배 참석하고, 침례를 받습니다.

그러면서 "나는 예수 믿는 사람이다" 하며 살아가다가 어느 순간, 주님을 인격적으로 만난 순간 예수님께 붙들리는 자 되는 것입니다. 도마가 그랬고 베드로가 그랬고, 예수님의 열두 제자가 그랬습니다. 그리고 우리 역시 그 과정을 거쳤습니다.

이게 우리들이 걸어야 하는 과정이고, 여기까지 오면 우리가 말하는 구원에 대한 확신을 가지게 되는 겁니다. 하지만 이건 어디까지나 우리가 경험하는 과정이라는 것입니다. 하나님 편에서는 이미 완성되었고, 우리는 그 안에서 만들어져 가고 붙잡혀 가는 것일 뿐입니다.

우리는 기다려야 합니다. 우리 자신을 위해서, 그리고 우리의 이웃을 위해서 변함없이, 의심없이, 인내함으로 함께 기다려 주는 겁니다. 언젠가는 우리 입으로 이렇게 고백하게 될 것입니다.

"어, 정말 나 구원받은 거였네.

지금까지 내가 왜 몰랐지?

아니 왜 확신하지 못했지?

알고 보니 이렇게 간단하고 좋은 걸, 이거 정말 은혜였어."

우리 믿음의 선조들이 그랬고, 우리가 그랬던 것처럼 우리의 이웃 역시 그렇게 될 것입니다.

#35
미리 걱정하지 마세요

그러므로 염려하여 이르기를 무엇을 먹을까 무엇을 마실까 무엇을 입을까 하지 말라 이는 다 이방인들이 구하는 것이라 너희 하늘 아버지께서 이 모든 것이 너희에게 있어야 할 줄을 아시느니라(마 6:31-32).

우리 인간의 능력 중 하나가 미래를 예측하는 것입니다. 다가올 미래를 예측하고 미리 준비해서 잘 대처하는 것이죠. 그런데 이 능력을 남용하는 경우가 종종 발생합니다. '사서 걱정한다'라는 표현을 사용할 경우인데, 걱정하지 않아도 될 일을 미리 염려하고, 실제 그런 일이 일어날 것처럼 불안해하는 겁니다.

그리스도인들의 경우, 특별히 구원과 관련해서 아직 확신이 없기에 부정적인 쪽으로 생각이 흘러가곤 합니다. 대충 생각의 흐름은 이렇습니다.

'구원받을 수 있을까?

지금은 잘 믿고 있는데 앞으로도 계속 잘 믿을 수 있을까?

아니 잘 믿었고 구원받았다고 생각하는데 혼자만의 생각일지 모른다.

막상 하나님 앞에 섰을 때 하나님이 넌 누구냐, 나는 너를 알지 못한다 하시면 어떻게 하지?'

여기까지 오면 인생이 망한 것이죠. 정말 대책이 없고 다시 물릴 수도 없는, 그냥 꽝인 인생이 되는 겁니다. 내 안에 작은 불확실함이 이제는 반드시 망할 것이라는 확신이 되는 순간입니다.

하지만 부정적인 생각 대신 그냥 좋게 생각합시다. 어차피 미래 일은 우리 모두 알지 못합니다.

그런데 굳이 나쁜 쪽으로 생각해서 미리 걱정하고 불안해하고 힘들어 할 필요가 어디 있습니까?

미래의 일은 지금 걱정한다고 해서 어떻게 할 수 있는 일이 아닙니다. 미래의 일은 그때 가서 생각하면 됩니다.

그러면 좋게 생각해도 될까요?

됩니다. 근거 없는 낙관주의, 무한 긍정이 아닙니다. 우리 그리스도인이 미래를 기대하고 감사할 수 있는 근거는 바로 예수 그리스도입니다. 예수님이 우리와 함께하시겠다고 약속하셨기 때문입니다. 사실 우리 자신을 보면 미래가 불안할 수밖에 없습니다.

지금은 예수 잘 믿고 있고, 잘 믿는다고 생각할지 모르지만 내일 일을 우리가 어떻게 알겠습니까?

어느 날 미쳐서(?) "하나님, 몰라요" 할지도 모릅니다. 아니 정말 그럴 수도 있습니다. 하지만 걱정하지 않아도 됩니다. 혹 우리가 잡은 손을 놓더라도 우리 주님은 절대로 놓지 않으실 것입니다. 우리는 예수 그리스도께 붙잡힌 사람, 그러므로 우리는 예수 그리스도로 살아가는 사람입니다. 그러니 우리가 아무리 발버둥 쳐도 우리는 주님의 사랑 안에서 벗어날 수 없는 존재이지요.

그러므로 우리 그리스도인이 미래를 바라보는 방식은, 미래를 가정하는 방식은 걱정하고 불안하고 두려워하는 것이 아니라 하나님으로 인해 기대하고 소망하고 감사해야 하는 것입니다. 오늘 하루를 하나님의 은혜로 인해 감사함으로 살아가고 내일은 또 하나님으로 인해 기대하고 소망하고 기다리는 삶의 방식이 되어야 합니다.

그 다음날은?

하나님이 알아서 하시겠죠.

#36
망해야 되는 이유

> 아브람이 애굽에 이르렀을 때에 애굽 사람들이 그 여인이 심히 아리따움을 보았고 바로의 고관들도 그를 보고 바로 앞에서 칭찬하므로 그 여인을 바로의 궁으로 이끌어들인지라(창 12:14-15).

어린 시절, 저는 작고 초라한 흙으로 지은 집에서 살았습니다. 요즘은 흙집 하면 황토 벽돌로 지은 멋진 집을 생각하는데, 저의 집은 그냥 작고 초라하고 허름한 집이었고, 그곳에서의 삶은 결코 쉽지 않았습니다. 여름철, 특별히 장마철에는 완전 물에 빠진 생쥐처럼 살아야 했습니다. 작은 흙집으로는 장마철 습기는 감당할 수 없는 적이었습니다.

여름은 겨울에 비교하면 아무것도 아니었습니다. 여름은 흙집 특성상 조금은 시원하게 지낼 수 있었지만 겨울은 완전히 다른 세상이었습니다. 너무 추웠습니다. 특히 웃풍이 얼마나 심했던지 밤에 방안에 물그릇을 두고 자면 아침이면 언제나 꽁꽁 얼어붙을 정도였습니다. 잠을 자기 위해서는 이불을 뒤집어 써야 했고, 목감기, 코감기를 달고 살아야 했습니다.

당시 가장 부러웠던 사람들이 TV를 통해 보는 아파트에 사는 사람들이었습니다. 한겨울인데도 반팔, 반바지를 입고 살아가는 모습은 방안에 있어도 두꺼운 옷을 껴입고 지내야 했던 저에게는 꿈같은 삶의 모습이었습니다. 오죽하면 당시 저의 소원이 아파트에 살면서 겨울을 반바지와 반팔을 입고 지내는 것이었겠습니까. 참고로 지금 저는 소원을 이뤄 아파트에 살고 있습니다. 하지만 아직 겨울을 반팔과 반바지로 보내지는 못하고 있습니다. 아무튼 저는 그렇게 작고 초라한 집에서 어린 시절을 보냈습니다.

그런데 지금 다시 그런 집에서 살 수 있을까요?

예전에 살았으니 지금도 당연히 살 수 있을까요?

우리는 그럴 수 있을 거라고 생각할지 모릅니다. 하지만 아닙니다. 다시 그 생활로 돌아가서는 살아갈 수 없을 겁니다. 이전에는 선택할 수 없었기에 살아 냈지만, 그래서 추억으로는 가지고 있을 수 있지만, 현실에서 다시 그런 삶으로 돌아가라는 것은 절대 불가능한 일입니다. 이미 몸도 그렇고 마음도 그렇고, 더 나은 삶에 익숙해졌기에 다시 예전으로 돌아가서는 못 사는 겁니다.

아브라함도 마찬가지일 겁니다. 아브라함이 하나님의 명령에 순종하고 하란을 떠났고 갖은 고생 끝에 가나안에 도착했습니다. 가나안은 살아가기에는 거칠고 힘든 삶의 자리였지만, 아브라함에게는 다른 선택지가 없었습니다. 아브라함에게 펼쳐진 가나안이 자신의 삶의 전부였기에 그곳에서 만족하며 살아가는 법을 배워야 했습니다.

하지만 애굽의 삶을 맛본 아브라함은 전혀 다른 사람이 되었습니다. 가나안에 만족하고 살아갔던 아브라함은 예전 사람이 되었고, 이제는 더 편리하고 더 풍요로운 삶의 맛을 알아 버린 아브라함이었기에 다시 예전으로 돌아가서는 살아갈 수 없는 겁니다. 그래서 이제 아브라함은 죽이 되던 밥이 되던 애굽에서 살아야 하고, 애굽에서 버텨 내야 했던 겁니다. 한 가지 경우를 제외하고는 ….

그 한 가지 경우는 바로 완전히 망하는 겁니다. 완전히 망해서 도저히 애굽에 있을 수 없는 단계가 되어야 아브라함은 떠날 생각을 할 겁니다. 다시 말해, 도저히 애굽에서는 발을 붙일 수 없는 단계가 되어야 애굽을 떠나 다시 가나안으로 돌아가게 되는 겁니다. 그리고 그 일은 바로에게 아내 사라를 빼앗기는 일에서부터 시작되었습니다. 자신의 힘으로는 도저히 감당할 수 없는 능력 밖에 있는 사람에게 자신의 가장 소중했던 것을 빼앗긴 겁니다. 하지만 여기까지는 버틸만 했을 겁니다.

아내를 빼앗긴 것은 자신의 능력 밖 일이지만 그래도 그냥 살아갈 수는 있었을 겁니다. 하지만 하나님은 아브라함에게 여지를 주지 않으십니다. 바로 절대 권력을 흔들어 버려서 아브라함이 애굽을 떠날 수밖에 없게 만드신 겁니다.

> 여호와께서 아브람의 아내 사래의 일로 바로와 그 집에 큰 재앙을 내리신지라 바로가 아브람을 불러서 이르되 네가 어찌하여 나에게 이렇게 행하였느냐 네가 어찌하여 그를 네 아내라고 내게 말하지 아니하였느냐 네가 어찌 그를 누이라 하여 내가 그를 데려다가 아내를 삼게 하였느냐 네 아내가 여기 있으니 이제 데려가라 하고(창 12:17-19).

이제 아브라함은 애굽을 떠나야 합니다. 자신이 선택의 문제가 아닌 반드시 그렇게 해야 하는 겁니다. 애굽에서의 시간은 거친 환경에 적응하느라 수고했던 자신에게 보상과 같은 시간이었지만 이제 자신의 의지와는 상관없이 그 땅을 떠나야 합니다. 그리고 이제 남은 선택지는 가나안밖에 없으니 그곳으로 다시 돌아가야 합니다.

아브라함은 그렇게 자신의 의지와는 상관없이 하나님의 약속의 사람으로 다시 돌아가 살아가야 하는 거였습니다. 물론 당장의 아브라함에게는 죽기보다 싫은 선택이었겠지만, 하나님의 약속의 긴 역사 속에서는 하나님이 아브라함에게 허락하신 축복이 되는 겁니다.

#37
어떻게 살아야 할까요?

> 이에 여호수아가 그 백성의 관리들에게 명령하여 이르되 진중에 두루 다니며 그 백성에게 명령하여 이르기를 양식을 준비하라 사흘 안에 너희가 이 요단을 건너 너희의 하나님 여호와께서 너희에게 주사 차지하게 하시는 땅을 차지하기 위하여 들어갈 것임이니라 하라 (수 1:10-11).

이제 이스라엘을 새로운 시대를 맞이하게 됩니다. 무려 400년간 자리 잡고 살아가던 애굽을 뒤로하고, 자신들의 이름으로 살아가기 위해, 자신들의 땅에서 자신들의 집을 짓고 살아가기 위해 길을 떠났습니다. 물론 쉽지 않았습니다. 중간에 길을 잘못 들었습니다.

누구의 잘못인가는 중요하지 않습니다. 모두의 잘못이었고, 모두의 서투름이 가져온 결과이니 남을 탓할 수도 없습니다. 그냥 그럴 수밖에 없는 상황이었고, 그래서 먼 길을 돌아왔습니다. 그리고 이제 40년 만에 가나안으로 들어가게 되었습니다.

40년간의 이스라엘은 내일을 기약할 수 없는 삶을 살아왔습니다. 언제든 옮겨갈 수 있도록 최소한의 것들만 가지고 살아왔고, 한 곳에 정착한다는 상상은 아예 하지 못했습니다. 그냥 모세가 시키는 대로, 하나님이 말씀하시는 대로 그대로 따라하면 되었습니다. 그렇게 하루하루를 살았는데 어느덧 40년이 되었습니다.

하지만 이제 가나안은 다른 곳일 겁니다. 그 땅은 젖과 꿀이 흐르는 땅이라고 소문이 나 있었고 자신들의 이름으로 땅을 사고, 집을 지을 수 있다고 들었습니다.

그렇다면 이제 가나안에서 어떻게 살아야 하는 건가요?

이제 마음가짐을 새롭게 하고, 삶의 방식도 더 세련되게 해서 새로운 땅에 정착을 해야겠지요. 그리하여 멋지게 한번 살아 봐야겠지요.

하지만 아닙니다. 이스라엘은 그냥 살던 대로 살아가면 됩니다. 그러기 위해 무려 40년간 광야의 혹독한 환경 속에서, 이스라엘의 힘과 지혜로는 도저히 살아 낼 수 없는 환경을 살아 내야 했던 것입니다. 이스라엘이 광야에 첫 발을 내딛는 순간부터, 첫 번째 끼니를 해결하고, 첫 번째 목마름을 채웠던 방법, 첫날밤을 보내고, 다시 아침을 맞이했던 바로 그대로, 그리고 40년이라는 시간을 지나왔지만 여전히 이스라엘이 살아가고 있는 모습 그대로 살아 내면 되는 겁니다.

하나님이 그거 배우라고 이스라엘을 40년간 광야에 두신 겁니다. 그러니 어떤 멋진 방법, 세련되고 고급스러운 삶의 방식을 개발해서 멋지게 살아가는 것이 아닙니다. 광야에서 40년간 매일같이 반복적으로 훈련했던 그대로, 하나님으로 살아가면 되는 겁니다.

우리 그리스도인 역시 광야의 삶을 살아가고 있습니다. 그리고 이곳에서 우리는 하나님으로 살아가는 훈련을 하고 있는 것입니다. 그래서 실패하는 겁니다. 이스라엘이 번번이 실패했듯이 우리 역시 그러고 있는 겁니다. 하지만 이스라엘이 하나님의 사람으로 만들어져 갔듯이 우리 역시 하나님의 사람으로 만들어지고 하나님으로 인해 사는 법을 온전히 배우게 될 것입니다. 그러니 지금은 실패해도 괜찮고, 쓰러져도 괜찮습니다.

우리는 아직 광야에서 하나님으로 살아가는 법을 배우는 중이니까요. 하지만 열심히 배워야 합니다. 지금 잘 배워 둬야 하나님이 부르실 때, 어떤 환경에서도 하나님으로 살아갈 수 있기 때문입니다.

#38
우리의
착각

> 빌립이 나다나엘을 찾아 이르되 모세가 율법에 기록하였고 여러 선지자가 기록한 그이를 우리가 만났으니 요셉의 아들 나사렛 예수니라 나다나엘이 이르되 나사렛에서 무슨 선한 것이 날 수 있느냐 빌립이 이르되 와서 보라 하니라 (요 1:45-46).

우리 그리스도인들이 착각하는 게 하나 있습니다. 우리가 그리고 교회가 세상을 구원해야 한다는 생각입니다. 세상의 악을 물리치고 하나님의 구원을 이루는 것이 우리의 역할이고 사명이라는 거지요. 우리는 그 사명을 완수하기 위해 기꺼이 그리스도의 군사가 되어야 한다는 겁니다. 그리하여 우리는 그리스도의 용감무쌍한 군사로서 믿음의 전투를 하러 세상으로 나아갑니다.

하지만 이거 '오버'하는 겁니다. 왜냐하면, 우리 그리스도인들, 더 나아가 교회는 세상을 구원하는 곳이 아닙니다. 세상은 하나님이 구원하시는 거고, 예수 그리스도의 이름으로 그 일이 되는 겁니다. 우리는 그리고 교회는 단지 그 소식을 세상에 전하는 전령의 역할, 스피커의 역할을 하는 겁니다.

그런데 우리가 착각을 합니다. 자신들이 무슨 큰 일을 하는 것처럼, 마치 중세 시대 이교도를 물리치고 예루살렘을 회복하는 십자군이라도 된 것 같은 착각을 합니다. 세상을 향해 너무도 당당하게 선언합니다.

"당신들은 죄인이다. 당신들은 모두 다 죽을 것이다. 하지만 우리는 아니다. 당신들도 우리처럼 살 수 있다. 당신들이 복음을 받아들이기만 하면 우리처럼 될 수 있다. 하지만 그 선택은 당신들에게 달려 있다. 선택하라."

뭐 대충 이런 마음으로 세상 사람을 향해 한 손에는 성경을, 다른 한 손에는 죄인이라는 낙인을 준비해 놓고 선택을 강요합니다. 물론 이 말이 거짓이라는 것은 아닙니다. 사실입니다. 우리는 모두 예수 그리스도의 십자가와 부활로 인해 구원받은 하나님의 자녀입니다. 그리고 세상에서 하나님 나라의 자녀로서 살아가는 사람입니다. 하지만 우리가 세상을 구원하고, 우리의 교회가 세상을 구원하는 것은 다른 차원의 이야기입니다.

우리는 세상을 향해 하나님의 복된 소식, 하나님이 세상을 구원하셨다는 사실, 하나님이 예수 그리스도를 이 땅에 보내 주셨고, 예수 그리스도의 십자가의 죽음과 부활로 인해 우리 인간이 죄에서 해방되어 하나님의 자녀가 되었다는 사실을 전하는 사람일 뿐입니다.

그런데 마치 우리가 주인이 된 것처럼, 우리를 통해야만 당신들이 구원받을 수 있다는 것처럼 세상을 위에서 아래로 내려다보고 있는 겁니다. 이는 마치 제국주의 시대, 우리가 당신들을 새롭게 해 주겠다는 정복자들의 마인드를 갖고 살아갔던 사람처럼 행동하는 겁니다. 이것이 바로 세상이 우리를 거북하게 생각하고 싫어하게 되는 이유입니다. 우리가 세상으로부터 서서히 왕따가 되어 가고 있는 원인입니다.

하지만 이대로 계속 갈 수는 없습니다. 우리가 먼저 바뀌어야 합니다. 우리가 지금까지 가졌던 착각에서 벗어나야 합니다. 우리가, 교회가 세상을 구원하는 것이 아니라 기쁜 소식을 전하는 자로서의 원래 모습으로 돌아가야 합니다. 그리하여 세상을 정복하러 나가는 것이 아닌 세상에 살면서 우리 이웃에게 기쁜 소식을 전하는, 환한 미소와 친절함으로 그들을 대해야 하는 겁니다. 그리하여 세상에 우리가 전하는 기쁜 소식이 서서히 스며들게 하는 겁니다.

물론 이 방법은 오랜 시간이 걸릴지도 모릅니다. 아니 우리 생각보다 훨씬 더 오랜 시간이 걸릴 겁니다. 하지만 우리가 우리 이웃과 더불어 살아가면서 그리스도의 향기를 드러내게 된다면, 기쁜 소식을 전하는 사람으로서 살아간다면 언젠가 그들에게 진리의 복음이 스며들어가 그들에게 복음이 들려질 것입니다. 바로 하나님의 때입니다. 그리고 우리는 그때까지 인내하며 좋은 이웃으로 살아가는 것입니다.

#39
하나님 이번에는 우리가 한번 해 볼게요

여호수아에게로 돌아와 그에게 이르되 백성을 다 올라가게 하지 말고 이삼천 명만 올라가서 아이를 치게 하소서 그들은 소수이니 모든 백성을 그리로 보내어 수고롭게 하지 마소서 하므로(수 7:3).

어깨에 힘을 줘도 됩니다. 이번에도 해냈습니다. 난공불락의 '여리고성', 그런데 믿기지 않는 일이 일어난 겁니다. 스스로 봐도 오합지졸인 이스라엘이 여리고의 정예병을 물리치고 '여리고성'을 무너뜨렸습니다. 그리고 이 소식은 가나안 곳곳으로 퍼져 나갔고 주위의 다른 민족들이 이스라엘을 두려워하기 시작했습니다. 이제 가나안 지역에서 최강은 이스라엘입니다.

그렇게 승리감에 도취되어 있는 이스라엘의 눈앞에 작은 성 '아이'가 들어왔습니다. '여리고성'을 무너뜨리고 한껏 우쭐해진 이스라엘의 눈에 '아이성 쯤이야' 하는 생각이 듭니다. 대충해도 될 것 같습니다. 더 이상 여리고성 앞에서 벌벌 떨던 쫄보 이스라엘이 아닙니다. 이제 이스라엘은 그 동네 큰형이 되었고, '아이성'은 한주먹거리도 안 되는 먹잇감에 불과한 것처럼 보였습니다.

자신감입니다. 그리고 충분히 자신감을 가질 만합니다. 무너진 여리고 성벽이 그 증거이기 때문입니다. 하지만 문제는 이스라엘의 자신감이 하나님을 가려 버렸고, 하나님이 하신 일이 이스라엘 자신들이 한 일이 되어 버린 겁니다. 이스라엘은 착각했고, 그것이 자신감이 되어 하나님이 뒤로 밀려났습니다. 의식적으로 그렇게 하지는 않았지만 그렇다고 하나님이 필요 없는

데 굳이 찾을 필요도 없었던 겁니다.

"하나님 이번에는 우리가 할 수 있을 것 같습니다. 별거 아니잖아요. 이번에는 됐고요. 다음에 더 힘든 일 있을 때, 그때나 도와주시면 됩니다."

결과는 아니었습니다. 당연하지요.

이스라엘이 서 있는 그 자리 자체가 기적이고 하나님의 은혜인데, 하나님 없이 된 것이 하나도 없는데 어떻게 가능하겠습니까?

하나님 없이 나간 '아이성', 아무리 작게 보여도 하나님 없는 이스라엘에게는 넘을 수 없는 벽인 것이 당연한 겁니다.

이스라엘은 하나님 없이 살아갈 수 없습니다. 하나님의 도우심을 믿기에 아무 데나 들이받을 수 있었고, 또 들이받으면 이길 수 있었던 겁니다.

하지만 하나님 없이는?

아무것도 할 수 없습니다. 자신보다 작아서 상대도 안 될 것 같은 민족조차 이스라엘만으로는 안 됩니다. 그래서 이스라엘은 하나님의 도우심으로만 살아가야 하는 존재, 살아갈 수밖에 없는 존재인 것입니다. 이스라엘이 살아가야 하는 방식입니다.

#39. 하나님 이번에는 우리가 한번 해 볼게요

#40
모두가 죄인인 이유

모든 사람이 죄를 범하였으매 하나님의 영광에 이르지 못하더니(롬 3:23).

죄에 대한 이야기를 해야겠습니다. 문득 이런 생각이 든 거죠.

믿지 않는 사람들, 하나님을 모르고 예수 그리스도는 당연히 모르는 사람들에게 다음과 같은 말을 진지하게 한다면 그들의 반응은 어떨까요?

"인간은 죄인입니다."

"우리 모두는 죄를 지었고, 그러므로 영원히 죽어야 합니다. 죄의 문제를 해결해야 합니다. 우리가 예수 그리스도를 믿어야 하는 이유입니다."

우리의 이런 말을 들어줄까요?

우리의 진지한 이야기에 귀를 기울이고 우리와 함께 그리스도의 십자가 앞으로 나올까요?

우리 모두 알고 있습니다. 절대 그런 일은 일어나지 않을 겁니다.

오히려 반문할 겁니다.

"우리가 뭘 잘못했는데?

내가 법을 어긴 것도 없고 특별히 나쁜 일을 한 것도 없는데 내가 왜 죄인이야?

그래, 좋다. 뭐 내가 살면서 나도 모르게 나쁜 일을 했을지 모르니까 나는 죄인이라고 하자.

그런데 막 태어난 아기들도 죄인이냐?

만일 죄인이라면 그 아기들이 무엇을 했기에 죄인이라는 말이냐?

당신이 나를 설득하면 내가 내일부터 교회에 나가겠다."
이렇게 도전할 겁니다.

그런데 우리가 어떻게 설명할 수 있을까요?
왜 모든 사람이, 지금 막 태어난 아기까지도 죄인일 수밖에 없는 걸까요?
그리고 이것을 어떻게 합리적으로 설명할 수 있을까요?

물론 이 질문에 대한 답, 모든 사람, 아기까지도 포함한 모든 사람이 죄인이라는 개념을 설명하기는 쉽지 않습니다. 그런데 우리에게 죄의 개념을 설명하는 것이 쉽지 않은 이유도, 또 믿지 않는 사람들이 우리 모두가 죄인이라고 하는 말에 쉽게 동의하지 않는 이유도 모두 죄를 "무엇인가 했다 안 했다"의 행동적인 측면, doing something으로 이해하기 때문입니다.

나는 별로 죄인 지은 것 같지 않으니까 죄인이 아니고, 특별히 아기들은 이제 막 태어났기에 한 게 없으니 죄인일 수가 없는 겁니다. 그리고 그런 사람들 앞에 모든 인간이 죄인이라는 말이 먹힐 리가 없는 겁니다. 그러니 예수 믿는 사람들이 입버릇처럼 하는 말, "우리는 죄인입니다"라는 말이 일종의 종교적 수사 이상도 이하도 아닌 것처럼 여겨지는 겁니다.

하지만 기독교에서 말하는 죄는 '했다', '안 했다'의 행동 측면에서 이야기하는 것이 아닌 하나님과 인간의 관계 속에서, 하나님과 인간의 약속에서 이해해야 하는 겁니다. 다시 말해, 하나님이 인간의 아버지 되어 주신다는 약속과 인간이 하나님을 아버지로 여기고, 하나님으로 인해 살아가겠다는 약속에서 이해되어야 하는 겁니다.

여기서 인간은 하나님과의 약속 안에서 살아가기를 원하지 않았고, 하나님 없이 자신의 힘으로 살아가려고 했습니다. 다시 말해, 인간이 하나님으로 인해 살아가기를 거부하는 것, 하나님 없는 삶을 살아가려고 한 것, 그리하여 인간의 이름으로 살아가겠다는 것이 바로 죄입니다. 인간이 하나님을 거부한 것인데 바로 에덴동산에서 일어난 일입니다.

그리고 우리 역시 그 자리에 있는 겁니다. 그러니 아기를 포함하여 모든 인간이 죄인인 것입니다.

"난 죄를 지은 적이 없어, 하나님이 있으면 나한테 보여 줘, 나는 하나님 없이도 살 수 있어."

이렇게 말하는 자체가 죄가 되는 겁니다.

하나님 없이 살려는 것, 하나님을 거부하고, 또 자신이 하나님이 되려는 것이 죄라는 겁니다. 여기서 아담이 실패했고, 하와가 실패했고, 바벨탑에 모인 사람들, 사울왕, 예수님 시대에 바리새인과 사두개인, 유대인 모두가 실패했습니다. 당연히 우리 역시 매일 삶 속에서 이 싸움을 하고 있는 것입니다.

우리는 그리스도의 십자가로 인해 죄에서 해방되었고 하나님의 자녀로 살아가고 있습니다. 하지만 우리의 현실에서는 지금도 계속해서 이 싸움, 즉 하나님으로 인해 살아가는 삶, 또는 내 힘으로 살아가는 삶의 사이에서 계속해서 나를 부인하고 하나님으로 살아가는 훈련을 하고 있는 것입니다. 물론 우리는 매일 실패합니다. 하지만 이 실패가 우리가 우리의 힘으로 살 수 없음을, 그리하여 하나님의 힘으로 살아가야 함을 고백하게 하는 힘이 되는 겁니다.

#41
베드로의 실패

> 주님께서 돌아서서 베드로를 똑바로 보셨다. 베드로는, 주님께서 자기에게 "오늘 닭이 울기 전에, 네가 세 번 나를 모른다고 할 것이다" 하신 그 말씀이 생각났다. 그리하여 그는 바깥으로 나가서 비통하게 울었다(눅 22:61-62, 새번역).

우리가 잘 알듯이 베드로는 예수님의 수제자입니다. 늘 예수님과 함께였고, 예수님이 가시는 길에 언제나 자신이 먼저 가려고 했습니다. 다소 다혈질적인 성격이 문제였지만, 그래도 그로 인해 아마 예수님은 많은 도움을 얻으셨을 것입니다. 또 언제나 예수님 앞에 나서는 그의 모습에 주님은 베드로를 의지하셨을지도 모릅니다. 조금은 단순하지만 충성스러운 제자, 우리가 예수님의 수제자로 인정하고 있는 베드로의 모습입니다.

그런데 그 베드로가 실패합니다. 예수님이 잡히신 저녁, 베드로는 멀리서 힘없이 끌려가시는 예수님을 따라갔습니다. 아마 베드로는 무엇인가를 해야 한다고 생각했을 겁니다. 자신의 스승인 예수 그리스도, 이스라엘의 위대한 왕이 되실 분인데, 반대자들에게 끌려가시는 예수님을 보면서 무엇인가를 해야 한다고 생각했을 것입니다. 하지만 할 수 있는 것이 없었습니다. 오히려 눈앞에 펼쳐지고 있는 믿기지 않는 현실에 두렵고 황당했을 것입니다. 믿을 수 없었겠지요.

그때, 한 여종, 조금 있다가 다른 사람, 그리고 다시 또 다른 사람이 베드로에게 묻는 겁니다.

"당신도 예수 믿는 사람이지?

당신도 예수를 따르는 사람이 확실하지?

당신도 그리스도인이지?"

그러자 베드로는 부인하고 부인하고 또 부인합니다.

"나는 예수를 모릅니다. 나는 예수 믿는 사람이 아닙니다. 나는 그리스도인이 아닙니다."

베드로의 실패입니다. 예수님을 향해 그렇게 당당하고 자신 있게 실패하지 않을 것이라고 외쳤던 베드로가 완전히 실패하고 무너지는 순간입니다.

그런데 그럴 수 있습니다. 어쩔 수 없는 베드로의 한계이니까요. 대신 예수님은 베드로를 그대로 두지 않으셨습니다. 베드로의 실패를 미리 준비해 주셨습니다. 베드로가 주님을 부인했을 때, 물론 거기서 담대하게 내가 그 사람이라고, 내가 예수를 따르는 사람이라고 외쳤다면 더 멋있었겠지만, 그러면 아마 우리가 알고 있는 베드로는 없었을 테지만, 다시 주님을 생각하고 돌아올 수 있도록 은혜를 베풀어 주셨습니다.

> 시몬아, 시몬아, 보아라. 사탄이 밀처럼 너희를 체질하려고 너희를 손아귀에 넣기를 요구하였다. 그러나 나는 네 믿음이 꺾이지 않도록, 너를 위하여 기도하였다. 네가 다시 돌아올 때에는, 네 형제를 굳세게 하여라 (눅 22:31-32, 새번역).

베드로는 실패했습니다. 그것도 첫 번째 시험에서의 실패입니다. 하지만 베드로는 예수님의 기도 위에서 다시 일어섰습니다. 그리고 다시 돌아온 베드로는 형제들을 굳건하게 세우는 위대한 리더의 모습으로였습니다.

그렇습니다. 우리 그리스도인은 실패합니다. 물론 실패하지 않는다면 좋겠지만, 우리는 실패할 수밖에 없는 존재입니다.

하지만 우리의 실패는 우리를 혼자가 되도록 하는 것이 아닙니다. 우리의 실패는 항상 예수 그리스도의 기도, 우리를 향하신 기도 위에서입니다. 그러니 우리는 다시 일어설 수 있고, 다시 돌아올 수 있는 겁니다.

그리고 그때는 더욱 성장하고 강해져서 이전보다 더 괜찮은 그리스도인의 모습으로입니다. 주님의 은혜입니다.

#42
하나님의
의(義)

그리스도 예수 안에 있는 속량으로 말미암아 하나님의 은혜로 값 없이 의롭다 하심을 얻은 자 되었느니라 이 예수를 하나님이 그의 피로써 믿음으로 말미암는 화목제물로 세우셨으니 이는 하나님께서 길이 참으시는 중에 전에 지은 죄를 간과하심으로 자기의 의로우심을 나타내려 하심이니 곧 이 때에 자기의 의로우심을 나타내사 자기도 의로우시며 또한 예수 믿는 자를 의롭다 하려 하심이라 (롬 3:24-26).

"죄" 하면 당연히 따라오는 것이 '회개'입니다.

그런데 우리는 왜 그렇게 회개에 목숨을 거는 걸까요?

우리는 늘 "우리의 죄에 대해 회개했으니 이제 더 이상 죄인이 아니다"라고 말하면서 왜 다시 회개의 자리에 나아가야 하고, 또 나가야 하는 걸까요?

아마도 우리가 '하나님은 의로우신 분이시기에 죄를 하나라도 그냥 넘어가지 않으실 것'이라고 믿기 때문일 겁니다. 모든 인간은 마지막 때 하나님 앞에 서게 될 것입니다. 그리고 그 자리는 하나님의 법정이 될 것이고, 그곳에서 우리는 하나님으로부터 우리의 삶과 믿음을 평가받게 될 것입니다.

그런데 그때, 우리의 부족함이나 범죄함이 나온다면 우리는 거기에 대한 형벌을 받게 될지 모릅니다. 하나님은 정의로우신 분이고, 공의의 하나님이시기에 인간의 죄는 하나도 그냥 넘어가지 않으실 것이기 때문입니다. 우리가 믿는 사랑의 하나님은 그 다음입니다. 우리의 믿음이고 우리가 가지고 살아가는 마지막 때의 부담입니다.

하지만 이거 아닙니다. 하나님의 의는 법정에서 사용되는 정의와 공의가 아닙니다.

하나님의 의는 하나님이 인간과 맺은 언약에서, 하나님이 인간의 아버지 되어 주시겠다는 약속과 인간은 그 하나님의 자녀로서, 하나님의 도우심으로 살아가겠다는 약속 안에서 이해되어야 합니다. 그리고 하나님은 자신의 약속에 충실하셨습니다.

하지만 인간이 이 언약에서 실패했습니다. 하나님의 도우심으로가 아닌 자신의 힘으로 살겠다고 하나님의 아버지 되심을 부정했습니다. 당연히 하나님과 인간의 언약은 깨어진 겁니다.

인간이 계약을 깼으니 하나님도 자신의 약속을 지키지 않으셔도 되는 겁니다. 하지만 하나님은 인간에게 아버지 되어 주시겠다는 약속을 포기하지 않으셨고, 잊어버리지도 않으셨습니다. 예수 그리스도를 보내 주시까지 하심으로써 하나님의 약속을 지키신 것입니다.

그렇게 하나님은 끝까지 인간에게 아버지 되어 주시겠다는 약속을 지키셨고, 다시 하나님은 인간의 아버지 되신 것입니다. 이것이 바로 하나님의 의로우심입니다. 그리고 우리 인간은 하나님의 의로우심으로 말미암아 의롭다 하심을 얻은 것입니다.

물론 그리스도인은 선하고 착한 사람이 되어야 합니다. 당연히 세상으로부터 높은 윤리적 기준을 요구받을 수 있고, 우리 역시 스스로에게 높은 윤리적 기준을 적용하며 살아가고 있습니다. 하지만 어렵습니다. 일반 사람들보다 더 많은 부담을 가지고 살아갈 수밖에 없습니다.

거기에 가끔 억울하다는 생각도 합니다. 평소 우리는 더 많은 착한 일과 바른 양심으로 살아가려고 노력하는데, 세상은 항상 우리에게 더 높은 윤리적 기준과 엄격한 잣대로 평가하니 당연히 억울한 일들이 생기는 겁니다. 하지만 우리는 그럼에도 불구하고 최선을 다해 높은 윤리적 기준에 맞게 살아가려고 노력합니다.

그리스도인들은 이렇게 사는 것이 당연합니다. 그런데 우리는 순서가 바뀌지 않도록 주의해야 합니다. 우리가 세상에서 높은 윤리적 기준을 가지고 살아감으로써 의로운 그리스도인이 되어 간다고 생각하는 경향이 있는데 이것이 순서가 바뀌었다는 겁니다.

사실 높은 윤리적 기준을 세우고 거기에 맞추어서 살아가는 것과 '하나님의 의'와는 아무 관계가 없습니다. 다시 말해, 하나님이 우리를 의롭다 하셨기 때문에 우리가 하나님의 자녀로서 살아가게 된 것이고, 하루하루를 그리스도를 닮아 가는 삶으로 살아갈 수 있게 된 것입니다. 그리고 그 열매로 윤리적인 삶이 나오고 선한 삶이 가능해진다는 겁니다.

그러므로 세상에서 요구하는 그리스도인의 윤리적이고 모범이 되는 삶은 그리스도인의 노력이 아닌 그리스도를 더 많이 닮아 갈 때 더 많이 나오는 자연스러운 삶의 모습이 되는 것입니다. 그러니까 우리는 세상을 살아가며 더 높은 윤리적 법적 기준을 위해 노력하는 것이 아닌 그리스도를 더 많이 닮아 가기를 소망하고 기대함으로 살아가야 하는 것입니다.

#43
아무것도
안 할래요

수고하고 무거운 짐 진 자들아 다 내게로 오라 내가 너희를 쉬게 하리라
(마 11:28).

예전에 사역하던 교회에서 소그룹 모임을 시작했을 때입니다. 돌아가면서 자기소개를 하는데 중간에 K 집사님에게 이렇게 말했습니다.
"목사님, 저 아무것도 안할래요."
제가 대답했습니다.
"예. 그렇게 하십시오. 아무것도 안하셔도 됩니다."
사실 뭐 별로 어려운 일도 아니었습니다. 아무것도 하지 않겠다고 하는 분께 그렇게 하시라는 건, 그분의 요청대로 한 것뿐이니 저에게도 특별히 어려운 일이 아니었습니다. 그리고 하기 싫으면 하지 않으면 되는 거니까요.
어떤 분들은 이렇게 생각할 것입니다.
'아무것도 하지 않으려면 소그룹에는 왜 참석하는거지?
아예 참석하지 않으면 간단할 텐데 왜 참석해서 분위기 흐리지?'
결론적으로 말하자면 분위기는 흐려지지 않았고 오히려 한 학기 동안 아주 좋은 시간을 보냈습니다. 사실 그분은 모임에 참석할 마음이 없던 분입니다. 하지만 사역을 시작하는 초짜 목사가 진행하는 모임에 사람이 없을까 봐 자리를 지키신 것입니다. 저에게는 오히려 고마운 분이었습니다.
신앙생활에는 방학이 없고 휴가도 없습니다. 굳이 우리가 휴가를 원하는 것도 아닙니다. 하지만 가끔 (이런 일이 안 생겼으면 좋겠지만) 남편에게, 아내

에게, 아이들에게 화가 나고, 직장에서 문제가 생기고, 그러다 보면 목사가 싫어지고 하나님이 밉거나 화가 날 때가 있습니다.

하지만 우리는 아닌 척합니다. 하나님께 화가 나 있는데도 찬양을 부르고 기도를 하고 감사를 이야기합니다. 아이들에게 하나님은 좋은 분, 사랑 많은 분, 가장 좋은 것으로 채워 주시는 분이라고 가르칩니다. 교회에서 만나는 분들에게는 세상에서 가장 아름다운 미소로 인사하고, 소그룹 모임에서는 지난 한 주를 하나님의 은혜로 아주 잘 살았다고 이야기합니다. 아니 그렇게 이야기 할 수밖에 없습니다.

하지만 우리는 모두 알고 있습니다.

그런 일들, 겉과 속이 다르게 행동해야 하는 상황이 얼마나 짜증나고 싫은지!

하지만 어쩔 수 없습니다. 마음이 아무리 시끄러워도 얼굴은 안 그런 척해야 하고 입으로는 감사를 말해야 합니다. 누가 가르쳐 주지 않았는데도 우리는 그렇게 해야 할 것 같아서 그렇게 살아왔습니다.

그런데 계속 이렇게 살아야 할까요?

우리에게 용기가 필요합니다. 안 괜찮을 때 안 괜찮다고, 힘들 때 힘들다고, 화가 날 때 화가 난다고 하나님을 향해 이야기, 아니 기도할 수 있어야 합니다. 그렇게 우리가 먼저 인정하고 하나님 앞에 서야 합니다. 이것이 우리의 겸손이고, 하나님이 일하실 수 있도록 공간을 내어 드리는 것입니다. 그리고 다음은 하나님의 차례, 하나님이 우리를 위해 일하실 것입니다. 기억하셨으면 좋겠습니다. 하나님이 우리를 도와주시려는데 끝까지 "하나님 나는 괜찮아요" 하는 거, 이것이 교만이라는 것입니다.

아무것도 하지 않겠다고 하신 K 집사님, 한 학기 동안 말씀하신 대로 아무것도 하지 않으셨습니다. 하지만 끝까지 자리를 지키셨고 한 학기를 잘 마쳤습니다. 저는 그 시간이 K 집사님께 얼마나 도움이 되었는지 잘 모릅니다. 그리고 제가 그 교회를 떠났기 때문에 K 집사님의 이후 삶이 어떠한지 역시 모릅니다.

하지만 한 가지 분명한 것은 K 집사님이 지금은 그 자리에 머물러 있지 않으실 것이라는 것입니다. 지금은 이전과는 비교할 수 없이 멋있는 그리스도인으로 살아가고 있을 것이라는 것, 그래서 누군가가 힘들고 어려울 때 진심으로 옆에 있어 줄 수 있는 에너지를 가지고 있을 것이라는 것, 그리하여 하나님이 K 집사님께 주신 특별한 사명을 잘 감당하며 살아가고 계실 것이라는 겁니다. 그리고 그 힘은 '하나님 앞에서 아무것도 하지 않을 용기'에서 나왔을 것이고요.

#44 사탄의 유혹

> 그 때에 예수께서 성령에게 이끌리어 마귀에게 시험을 받으러 광야로 가사 사십 일을 밤낮으로 금식하신 후에 주리신지라(마 4:1-2).

사탄의 다른 이름은 '미혹하는 자'입니다. 우리 모두 잘 알고 있지요. 얼마나 미혹을 잘하면 예수님을 향해서도 거침없이 유혹을 하는데 무려 세 가지의 유혹입니다.

"돌을 들어 떡을 만들라, 성전 꼭대기에서 뛰어내려라. 자신에게 절하라 그러면 세상 전부를 주겠다."

자신의 특기를 발휘해서 최선의 결과를 얻으려는 것입니다.

그러면 우리에게도?

물론 아니죠. 사탄은 우리에게 "돌덩어리를 떡으로 만들라"거나 "높은 곳에서 뛰어내려라", "자신을 경배하면 세상 전부를 주겠다" 등의 허무맹랑한 유혹은 하지 않습니다. 어차피 우리가 할 수 없으니 유혹이 되지 않는 겁니다.

대신 사탄은 우리에게 "넌 할 수 있어"라고 합니다. 우리가 도달하기에 애매하게 높은 목표를 주고 우리에게 조금만 노력하면 할 수 있다고 부추깁니다. 그런데 우리는 못합니다. 애초에 할 수 있을 것 같았지만 절대 할 수 없는 목표입니다. 조금만 더 노력하면 될 것 같은 높이였기에 실패는 전적으로 우리의 몫이 되는 겁니다. 우리의 노력이 부족했고, 운이 좋지 못했고, 열심히 하지 못해서 아깝게 실패한 겁니다.

다음번에는 조금만 더 열심히 하면 할 수 있을 것 같습니다. 그런데 우리는 또 실패하고 또다시 우리 탓이 되는 겁니다. 당연히 위축되고 자신에게서 부족함을 찾게 됩니다. 하나님 앞에 면목이 없게 되는 거죠. 하나님께 죄송스러워지게 되고, 스스로에게 자격이 없다고 생각하고 결국에는 하나님으로부터 한 걸음 도망하게 되는 겁니다. 그렇게 매번 한 걸음씩만큼 하나님으로부터 멀어지게 되는 겁니다.

사탄의 유혹입니다. 죄책감을 교묘히 이용해서 우리를 위축시키고, 우리로 하여금 자격이 없고, 염치도 없게 합니다. '하나님이 그 정도 해 주셨는데 인간이라면 그러면 안 되는 거지'라고 생각하게 하는 겁니다. 그리고 이런 마음들이 모이고 결국에는 하나님으로부터 멀어져서 깊은 어둠의 자리로 들어가게 됩니다.

그러지 맙시다. 어차피 우리는 할 수 없습니다. 어차피 하나님 없이는 할 수 없는 일, 하지만 한 걸음 멀어지면 더 할 수 없고, 결국에는 아무것도 할 수 없게 되는 겁니다. 반대 방향으로 움직여야 합니다. 위축될수록, 죄스러울수록 하나님을 향해 한 걸음 더 나아가야 합니다. 하나님 앞에 나가서 "하나님 살려주세요" 해야 합니다.

뻔뻔하다고요?

예, 뻔뻔해야 합니다.

염치없다고요?

예, 염치없어야 합니다. 왜냐하면, 이것만이 우리가 하나님께 한 발 더 나아갈 수 있는 것이고, 우리가 살 수 있는 길이기 때문입니다.

그리고 우리는 예수님이 사탄을 물리치신 방법을 기억해야 합니다. 예수님은 사탄의 유혹에 어떤 댓구도 하지 않으시고 그냥 무시했습니다.

위축된다고요?

그러면 예수님처럼 해야 합니다.

"사탄아 물러가라. 나는 하나님의 말씀으로 살아갈 것이다."

이렇게 외치는 겁니다. 그리고 우리의 외침대로 정말 하나님의 말씀으로 하루를 살아가는 겁니다. 그러니 위축되지 마십시오. 대신 기도하는 겁니다. 위축됨을 기도로 바꾸는 작업, 우리가 살아가면서 해야 하는 하나님의 숙제입니다.

여기서 잠깐!

그러면 어떻게 사탄의 유혹을 구별할 수 있을까요?

간단합니다. 우리의 마음속에 면목 없음, 위축됨, 죄책감 등이 생길 때 우리 마음이 가는 길을 따라가 보는 겁니다. 중간에 서서 고민하지 마시고, 그 마음이 어디로 가는지, 우리가 어떻게 되는지 예상해 봐도 됩니다. 그래서 면목 없음, 위축됨, 죄책감 등의 감정이 우리로 하여금 하나님을 향해 한 걸음 다가가게 한다면 그건 사탄의 유혹이 아닙니다.

하지만 절대 그럴 일은 없습니다. 백이면 백, 우리를 하나님으로부터 멀어지게 하고, 우리를 깊은 어둠의 골짜기, 하나님 없는 곳으로 끌고 들어갈 것입니다. 그러면 그 감정들은 사탄의 미혹입니다. 아무리 그럴듯하더라도 우리를 주님으로부터 멀어지게 하는 것, 그것이 바로 사탄의 유혹, 우리가 기억하고 주의해야 하는 미혹하는 자의 덫입니다.

#44. 사탄의 유혹

#45
기도를 쉽게 합시다

쉬지 말고 기도하라(살전 5:17).

　기도가 좀 편하고 쉬웠으면 좋겠는데 기도하면 드는 이미지는 반대로 '너무 무겁고 진지하고 부담스럽다'입니다. 왜냐하면, 우리는 기도하면 먼저 특정한 시간을 생각하기 때문입니다. 새벽기도를 생각하는 그리스도인들도 많이 있을 겁니다. 그런데 여기부터 부담스럽습니다. 새벽기도, 저녁에 늦게 들어오고 아침 일찍 나가야 하는 직장인들, 하루종일 아이들과 싸우며 집안일에 지친 아내들, 새벽기도는 부담 자체입니다.
　물론 할 수도 있습니다. 마음 굳게 먹고 결심하면 못할 일도 아닙니다. 하지만 그것이 일상이 되어, 매일 같은 시간의 일이 되어야 한다는 것은 또 다른 문제입니다. 그리고 계속해야 하는 새벽기도가 중간에 멈추는 것 역시 부담이 됩니다. 그러면 다른 시간, 이 역시 어렵습니다. 솔직히 매일 규칙적으로 시간을 정할 수 없는 것이 현실입니다.
　그러니 시간을 정해 놓고 기도하는 일은 어려운 일이 되는 거고, 시간을 정하지 못하니까 기도가 자꾸 밀리게 됩니다. 일단 시간이 정해져야 기도를 시작되기 때문이지요.
　장소는 어떻습니까?
　당연히 어렵습니다. 기도는 골방에 들어가 나만의 공간에서 드려야 하는데 그럴 공간이 없습니다.
　저의 예를 들어 볼까요?

지금 방 3개, 화장실 2개인 아파트에 살고 있습니다. 그런데 방에는 다 주인이 있습니다.

화장실?

급하면 화장실을 사용할 수는 있겠지만 기도하는 공간으로 사용하기에는 여러 가지 한계가 있습니다. 그러니 집에는 기도의 공간이 없습니다.

그렇다면 교회?

물론 가능합니다. 하지만 매일 교회에 나가서 기도실을 사용하는 것도 쉽지 않은 일입니다.

그렇다면 어디서 기도해야 할까요?

돈을 더 벌어서 방이 4개 있는 집으로 이사 간다면 가능하겠지만 지금의 현실에서는 힘이 드는 것이 사실입니다.

그런데 여기서 드는 생각 하나!

왜 기도하면 특정한 시간, 조용한 공간이 먼저 머릿속에 그려지는 걸까?

물론 동의하지 않는 분들도 계시겠지만, 일단 저는 기도가 우리에게 너무 종교의식으로서 다가와 있기 때문이라는 생각을 해 봅니다. 다시 말해 쉽게 다가갈 수 없다는 거지요.

물론 우리는 하루를 살면서 기도를 많이 합니다. 아침에 일어나서, 식사를 하기 전에, 잠을 자기 전에, 그리고 틈틈이 기도합니다. 그런데 이런 기도는 기도로 안 쳐 줍니다. 일단 기도라면 최소 30분 이상 시간을 내어 조용한 장소로 가서 하나님과 깊은 교제를 해야 기도한 것처럼 느껴지는 거죠. 그런데 이거 우리에게 학습된 일종의 종교의식입니다. 다른 종교에서 하루에 시간을 정해 놓고 같은 방향으로, 같은 횟수의 자신들만의 종교의식을 행하는 것과 비슷합니다. 그러니 기도를 대충은 못하는, 아니 해서는 안 되는 것이고, 인정되지 않는 거지요.

하지만 기도는 무거운 종교의식이 아닙니다. 쉽게 생각해서 기도는 그냥 하나님과 우리의 대화입니다. 그러니 언제든지 우리가 주님의 이름을 부르면 되는 겁니다. 만원 버스나 지하철에서 마음속으로 "하나님" 하면 되는

#45. 기도를 쉽게 합시다 139

겁니다. 길을 걷다가 "하나님" 하면 역시 기도입니다.

기도를 시작하면 할 말이 없다는 사람들도 있습니다. 그러면 주기도문 외우면 되고, 또 그래도 할 말이 없으면 찬양을 듣거나 설교를 들으면 됩니다. 이런 것들도 모두 기도입니다. 또 하루가 너무 정신없이 지나가서 하나님을 한 번도 생각하지 못했다면 잠자리에 누워 "예수님 이름으로 기도했습니다. 아멘" 하면 오늘 하루 전체가 기도로 변하는 것이지요. 그렇게 해서 우리의 삶 전체가 기도가 되게 하는 겁니다.

이렇게 생각하면 기도가 그렇게 어려운 것이 아니지요. 물론 이런 기도로 만족하지 못할 수도 있고, 더 깊은 기도의 시간이 그리워질 때도 있을 겁니다. 그러면 그때는 새벽기도도 좋고, 교회 기도실도 좋고, 예배드리는 장소도 좋으니 그곳에 찾아가 깊은 기도의 자리로 들어가면 되는 겁니다.

하지만 일단 지금 이곳에서 미루지 않고 가벼운 기도라도 시작하는 게 먼저입니다. 그러면 우리의 일상에서 기도가 조금은 더 많아질 거니까요.

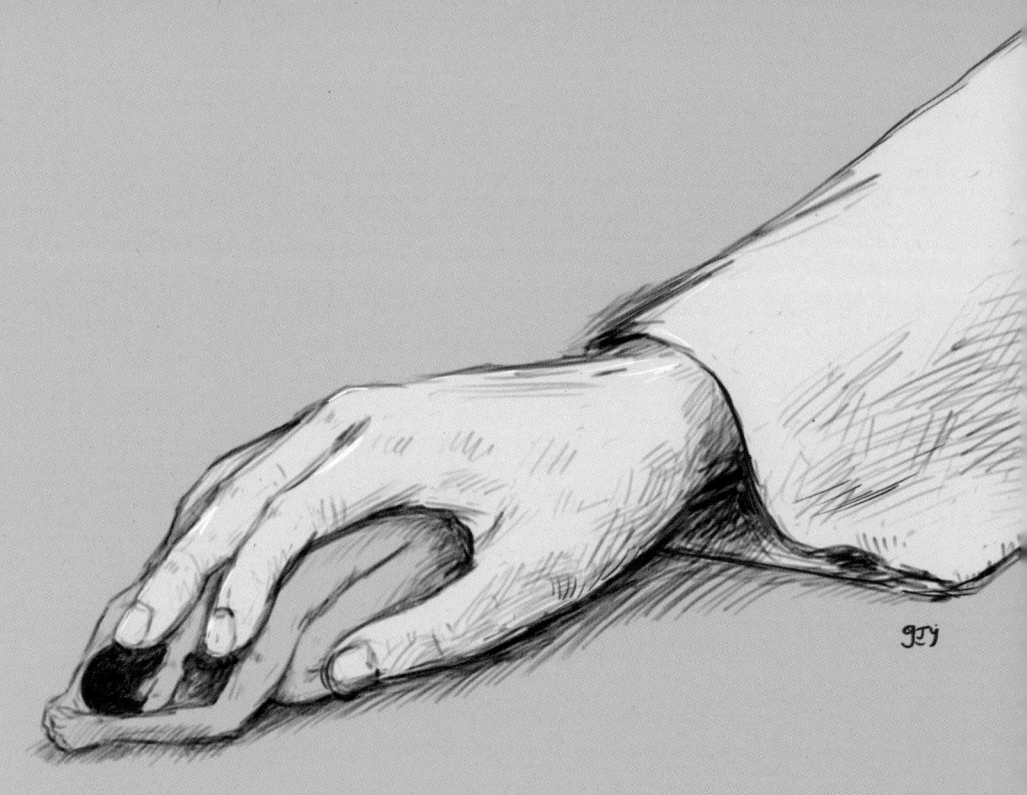

기도는 하나님을 일하시게 한다
기도는 하나님의 무선마우스다

#46
우리 모습 그대로

> 예수께서 그 어린아이들을 불러 가까이 하시고 이르시되 어린아이들이 내게 오는 것을 용납하고 금하지 말라 하나님의 나라가 이런 자의 것이니라(눅 18:16).

처음 글을 시작하면서, 물론 지금도 마찬가지이지만, 저의 바램은 우리 모두가 조금 편하고 쉽게 예수 믿고, 그 예수로 인해 이 땅에서 감사함으로 하루하루를 살아가는 것입니다.

그런데 실상 우리가 예수 믿는다는 것(교회 다니는 것)이 우리의 기대, 예수 믿으면 삶이 바뀌고 행복해 질 것이라는 기대와는 다르게 오히려 이전보다 더 어렵고 힘들어지는 것이 현실입니다. 일단 교회에 다니기 시작하면 주일에 예배는 기본이고 수요, 새벽예배까지 필수로 참석해야 합니다. 시간이 엄청 드는 일입니다. 십일조로부터 시작해서 해야 할 것도 많고, 또 하지 말아야 하는 일도 역시 많습니다.

"예수 믿는 사람들이 왜 그래?"

이런 소리 듣지 않기 위해 이전에는 아랑곳하지 않던 다른 사람들의 눈을 신경 써야 합니다. 어느 날부터인가 주위에는 잣대를 들고 우리의 행동 하나하나를 평가해 주는 사람들로 채워지게 되는 거죠. 한마디로 쉽지 않다는 것이고, 이 모든 기대를 충족시키기 위해서는 이전과는 비교도 할 수 없을 정도로 열심히 살아야 한다는 부담감만 쌓이는 겁니다.

그러니 신앙생활이 어려운 겁니다. 이것은 마치 정장에 넥타이를 꽉 메고 새 구두를 신고 하루 24시간을 살아야 하는 것 같은 불편하고 부담스러운 삶입니다. 한마디로 예수 믿기 이전보다 훨씬 살기 어려운 거지요. 그런데 이런 불편함, 아니 예수님처럼 살아야 한다는, 예수님을 매일매일 닮아 가야 한다는 부담감에서 벗어났으면 합니다.

그렇다고 예수님을 닮아 가는 삶을 포기하자는 것이 아닙니다. 단지 우리가 그분을 완벽하게 닮아 가야 한다는, 그분의 계명을 온전히 지키고 이 땅에 하나님 나라를 내 손으로 세우겠다는 열정적이고 굳건한 사명의식을 조금 내려놓자는 말입니다. 대신 하나님이 창조하신 이 땅을 둘러보는 여유, 그로 인해 하나님의 창조의 아름다움을 누리는 삶이었면 좋겠습니다.

우리 모두가 다 완벽한 그리스도인이 될 필요는 없습니다. 다시 말해, 사람들에게 조금 목사같지 않아도, 조금 집사같지 않아도, 조금 그리스도인같지 않아도 될 것 같고, 우리 각자가, 개인적으로 조금 실수를 해도, 조금 부족해도 괜찮을 것 같습니다. 주님 앞에 서기 위해서 우리에게 일정 정도의 수준이 요구되는 것도, 또 주어진 사명을 최소한 몇 프로는 달성해야 하는 것도 아닙니다. 그렇다고 반드시 잘 살아야 하는 것도 아닙니다. 그냥 우리 모습, 잘 살아야 한다는 부담감이 아닌 우리의 모습 그대로 주님 앞에 나아가는 겁니다.

우리 모두 오래, 주님께 갈 때까지 신앙생활 해야지요. 그때까지 지치지 말고 계속해야 합니다. 그리고 그러기 위해서는 조금 내려놓아야 합니다. 물론 우리가 조금 부족하고 덜 익을 수 있을 것입니다. 하지만 그대로 주님 앞에 서는 겁니다.

그런데 혹 그거 아세요?

우리 주님이 우리 부족함을 보시고 채워 주실지, 또 설익은 우리를 잘 여물어가게 해 주실지?

사실 우리는 그 하나님을 기대하는 겁니다. 상상해 보십시오.

멋지지 않습니까?

부족한 우리를, 아직 덜 익은 우리를 채워 주시고, 또 여물게 하시는 하나님, 그 하나님을 기대하는 일 자체로 정말 멋진 일이 될 겁니다. 그래서 우리는 하나님 앞에 서는 겁니다. 조금 부족한 내 모습을 숨기는 대신 기꺼이 그 모습 그대로 주님 앞에 서는 겁니다. 그리고 주님의 채워 주심을 기대하는 거지요.

#47
하나님은
왜
그러시는 걸까요?

이스라엘아 이제 내가 너희에게 가르치는 규례와 법도를 듣고 준행하라 그리하면 너희가 살 것이요 너희 조상의 하나님 여호와께서 너희에게 주시는 땅에 들어가서 그것을 얻게 되리라(신 4:1).

인간의 한계, 다시 말해 하나님 말씀대로 온전히, 아니 100퍼센트로 살아갈 수 없는 인간의 부족함, 우리는 늘 이런 우리로 인해 힘들고 어렵습니다. 그로 인해 하나님 앞에 나아가 울부짖기도 하고 어떤 때는 그런 우리가 너무 부끄럽고 죄스러워 하나님으로부터 멀리 도망가기도 합니다.

하지만 우리는 어쩔 수 없이 다시 돌아와 하나님 앞에 무릎 꿇고 "하나님, 이번만은 정말 열심히 해 보겠습니다. 잘 해 보겠습니다" 합니다. 하지만 결과는 이전과 전혀 다르지 않습니다. 아니 기대가 더 컸기 때문에 이전과는 비교할 수 없는 좌절과 실망을 합니다. 그리고 우리는 다시 주님으로부터 다시 멀어집니다.

그런데 아십니까?

우리만 그렇지 않다는 것을, 우리만 하나님의 말씀 앞에서 실패하는 것이 아니라 그리스도인 모두가 그렇다는 것을요. 아담도 그랬고, 하와도 그랬습니다.

아브라함은 어떻습니까?

아브라함은 믿음의 조상입니다. 아브라함은 위대한 순종으로 하란을 떠났고, 하나님의 약속을 믿었고, 아들 이삭을 기꺼이 제물로 바쳤던 믿음의 사람이었습니다.

하지만 그렇다고 그가 순종만 했던 사람은 아닙니다. 창세기를 자세히 살펴보면 아브라함 역시 순종보다는 불순종이 비교할 수 없을 정도로 많았던 사람이었습니다.

유대인들은 어떻습니까?

그들도 모두 실패했습니다. 물론 아직도 자신들의 실패를 인정하지 못하는 유대인들도 있기는 하지만 오죽하면 사도 바울이 "율법 아래 있는 것을 저주 아래 있다"(갈 3:10)고 표현했겠습니까.

그만큼 어느 누구도 하나님의 말씀, 계명, 율법을 온전하게 지켜 낸 사람은 없다는 겁니다.

하나님은 왜 그러시는 걸까요?

구약에서는 율법으로, 신약에서는 하나님의 말씀으로 우리를 부끄럽게 하고, 실망하게 하고, 절망하게 하시는 걸까요?

답은 이스라엘 민족에게 있을 겁니다. 기본적으로 애굽에 살던 이스라엘은 하나님을 알지 못했습니다. 물론 그들 역시 하나님의 이름은 조상들로부터 들어서 알고 있었겠지만 실제 하나님을 알지 못했던 사람들이었습니다. 하지만 하나님은 그들을 기억하셨고, 모세를 보내셔서 이스라엘을 애굽에서 나오게 하셨습니다.

그런데 그 다음이 문제였습니다. 하나님은 이스라엘을 40년간 광야에 방치(?)하셨습니다.

40년 만에 겨우겨우 들어간 가나안은 어떻습니까?

이미 좋은 땅은 현지인들이 다 자리를 잡고 있었고, 이스라엘은 겨우 사람이 살지 않는, 아니 아무도 찾지 않는 산지에 자리를 잡아야 했습니다. 하나님 입장에서는 어쨌든 약속을 지키신 겁니다. 하지만 이스라엘은 다릅니다. 젖과 꿀이 흐르는 땅이라고 해서 따라 나온 건데, 막상 도착해 보니 젖과 흐르는 땅 바로 옆입니다. 그리고 능력껏 차지해 보라고 하는데 이건 그냥 하나님의 부동산 사기입니다.

하나님은 왜 이러시는 걸까요?
가만히 있는 이스라엘을 부르셔서 척박한 가나안에서 살게 하시는 겁니까?
가나안이 이전보다 더 살기 좋은 곳도 아닌데 왜 하나님은 잘 살고 있던 이스라엘을 굳이 부르셔서 가나안 높은 산지에서 두시는 걸까요?
이스라엘에게 지키지도 못할 율법을 주셔서 이대로 살라고 하시는 것일까요?
애굽을 나온 이스라엘은 계속해서 실패하는데 왜 굳이 하나님은 붙들고 놓아주시지 않으시는 걸까요?
혹 하나님의 취미생활?
물론 그러실리는 없지요.
그러면 왜?

정답은 이스라엘을, 그리고 우리로 하여금 "오직 하나님으로 살게 하시기 위함"입니다. 이스라엘을 광야에서 굴리시고, 가나안이라는 거친 땅으로 몰아붙이신 것도, 율법을 주셔서 절대 지킬 수 없다는 한계를 경험하게 하신 것도, 이스라엘의 힘만으로는 절대 온전하게 살아갈 수 없다는 사실로 뼈를 때리시는 이유도, 이스라엘이 오직 하나님만으로 인해 살아가게 하시기 위함입니다. 그래야 하나님만 바라보기 때문입니다. 이것이 바로 하나님이 이스라엘을, 그리고 우리를 주님으로 인해 살아가게 하시는 방법이자 하나님의 은혜입니다.

#48
우리 말이
바뀌어야 합니다

> 그런즉 누구든지 그리스도 안에 있으면 새로운 피조물이라 이전 것은 지나갔으니 보라 새 것이 되었도다(고후 5:17).

어린 시절, 행운의 상징은 네 잎 클로버였습니다. 왜 네 잎 클로버가 행운이 상징이 되었는지는 잘 모르겠지만(나폴레옹으로부터 시작되었다는 말이 있기는 하지만), 아무튼 네 잎짜리 클로버를 찾으면 행운이 찾아온다는 말을 믿었고, 수없이 많은 네 잎 클로버를 찾았던 것 같습니다.

그런데 행운은?

솔직히 잘 모르겠습니다. 아니 네 잎짜리 클로버를 찾기 전이나 찾은 후나 별로 차이가 없었던 것 같습니다. 그냥 잠시 내 기분에 행운이 찾아올 것 같은 설레임 정도였던 것 같은데, 왜 그렇게 열심히 네 잎짜리 클로버를 찾았는지 모르겠습니다.

행운을 찾는 저의 노력은 네 잎 클로버에서 멈추지 않았습니다. 행운의 숫자 7. 행운의 숫자 7을 가지고 있으면 행운이 온다고 말을 들었고 또 열심히 그 말을 믿었습니다. 그래서 웬만하면 7이라는 숫자를 갖기 위해 노력했습니다. 과자를 먹어도 7개, 줄을 서도 7번 등등 아무튼 7이라는 숫자는 행운의 숫자였고, 그러기에 7번을 열심히 찾아야 했습니다.

7 다음에 lucky Penny도 있었습니다. 미국에서 유학하던 시절, 미국인들은 길에서 1페니 동전을 발견하면 그날 하루 행운이 찾아올 거라는 믿음이 있었습니다. 미국 문화에서 1페니 동전이 우리의 네 잎 클로버 같은 역할을

하고 있었습니다. 처음 미국인에게서 행운의 상징으로 lucky penny를 받은 후에는 정말 한동안 땅만 보고 걸어다녔습니다.

그런데 재미있지 않습니까?

예수 믿는 사람으로서, 그리스도인으로서 하나님의 은혜로 살아간다고 하면서 한쪽으로는 스스로 행운을 찾기 위해, 흔히들 딴 주머니 찬다고 하는 일을 하고 꾸준히 해 오고 있었습니다.

그런데 왜 이런 일이 제 인생에서 반복되어 온 걸까요?

아마 저의 언어가 완전히 바뀌지 않았기 때문일 겁니다. 사실 '행운'이라는 단어를 기독교적 용어로 번역하면 '하나님의 은혜'가 될 겁니다. 다시 말해서 비그리스도인들은 "운이 좋았어" 하는 거고 그리스도인들은 "하나님의 은혜야"야 하는 겁니다. 그러니 같은 단어입니다.

그런데 우리가 계속해서 그 같은 단어를 혼용해서 쓰는 것은 아직 우리의 언어가 제대로 정리되지 못했기 때문이고, 더 크게 보면 아직 우리가 두 세계, 세상과 하나님 나라에 다리 하나씩 걸치고 살아가기 때문일 겁니다. 그러니 우리 생각에 하나님이 하신 일처럼 느껴질 때는 "하나님의 은혜"라는 말을 쓰는 거고 그렇지 않을 때는 "운이 좋았다" 하는 겁니다.

우리의 말이 바뀌어야 합니다. 하나님 나라의 백성으로서, 그리스도인으로서 우리의 언어가 바뀌어야 합니다. 다시 말해, '행운'이라는 단어를 '하나님의 은혜'로 바꾸어야 한다는 겁니다.

자, 생각해 봅시다.

우리가 '행운'이라는 단어를 더 이상 사용하지 않게 되면 어떤 일이 일어날까요?

더 이상 숫자 7에 집착하거나, 네 잎 클로버나 1 penny를 줍기 위해 수고해야 할 필요성이 없게 됩니다.

대신 우리는 하나님께 기도하고 하나님을 바라보게 되겠지요.

왜?

우리가 하나님의 은혜로 살아가니까요.

자, 그러니 이제 우리는 우리가 사용하는 언어를 세상의 언어에서 하나님 나라의 언어로 하나씩 바꾸어 가는 겁니다. 그리고 그 출발은 "운이 좋았어"가 아닌 "하나님의 은혜야"에서 시작하는 겁니다.

'우연'이라는 단어도 '하나님의 계획'이라는 단어로 바꿔 사용할 수 있을 겁니다.

# #49
원래
힘든
삶이니까요

> 아담에게 이르시되 네가 네 아내의 말을 듣고 내가 네게 먹지 말라 한 나무의 열매를 먹었은즉 땅은 너로 말미암아 저주를 받고 너는 네 평생에 수고하여야 그 소산을 먹으리라 땅이 네게 가시덤불과 엉겅퀴를 낼 것이라 네가 먹을 것은 밭의 채소인즉 네가 흙으로 돌아갈 때까지 얼굴에 땀을 흘려야 먹을 것을 먹으리니 네가 그것에서 취함을 입었음이라 너는 흙이니 흙으로 돌아갈 것이니라 하시니라(창 3:17-19).

"예수 믿는데 왜 사는 게 나아지지 않아요?"
"왜 나는 여전히 힘들고 어렵게 살아야 해요?"
"누구는 잘 사는데 나만 왜 이렇게 살아야 하는 거죠?"
"예수 믿으면 바로 내 삶이 바뀔 것 같았는데 여전히 그대로네요."

우리 그리스도인들이 한 번쯤 들어본 적 있는, 또는 우리 스스로가 한 번쯤 해 봤던 투덜거림입니다.
그런데 아십니까?
원래 그게 우리의 삶이라는 것, 우리가 이 땅에 사는 한 우리 삶은 여전히 그대로 일 것이라는 것, 물론 발전하고 나아지고 조금더 풍족해질 수는 있지만 삶의 큰 줄기는 그대로여서 힘들고 어렵고 그래서 노력하고 좌절하고 또 실패할 것이라는 것을, 이게 우리의 인생이고, 아니 우리 인간의 삶이라는 것이라는 것을요. 그러니 우리는 모두가 힘들고 어렵고 어제와 별반 다르지 않은 삶을 오늘도 살아야 하고 내일도 또 살아 내야 한다는 것을요.

아담과 하와가 하나님을 떠나면서부터 정해진 운명입니다. 창세기 3장에 보면 하나님은 약속을 어긴 하와에게는 임신하는 고통과 남편에게 종속되는 삶을 말씀하셨고, 아담에게는 평생 노동, 그것도 엄청난 땀을 흘려야 겨우 먹고 살게 될 것이라는 말씀을 하셨습니다.

그런데 이게 단순히 하나님이 말씀하신 그 부분에서의 수고로움과 고통이 아니라는 겁니다. 그냥 우리가 살아가는 삶에서 여자는 여자 나름대로 고통받고 힘들게 살아야 한다는 것이고, 남자는 남자대로 삶의 모든 부분에서 노동하며 수고하고 땀을 흘려야 한다는 말씀입니다. 그리고 우리는 지금 그렇게 살아가고 있습니다.

그런데 다시 생각해 보면 지금 우리가 수고하고 땀 흘리며 살아가고 있다면 우리는 바로 잘 살아가고 있다는 것입니다. 왜냐하면, 우리는 하나님께서 우리에게 주신 삶을 그대로 살아가고 있으니까요.

하나님은 우리에게 삶, 그것이 비록 힘쓰고 수고해야 살아 낼 수 있는 삶이지만 우리에게 삶을 허락하신 것이고 우리는 그 삶을 하나님이 말씀하신 대로 수고하고 땀 흘리며 살아가고 있으니 제대로 살고 있는 거라고 할 수 있는 겁니다. 다시 말해, 우리가 사는 게 힘들고 어렵다면, 아무리 노력해도 잘되지 않는다면, 그래서 괴롭고 힘들다면 그리스도인들이 흔히 생각하듯이 우리가 잘못 살아서 그런 것이고, 하나님의 말씀대로 살지 못했기에 받는 벌이라는 식으로 해석해서는 안 된다는 겁니다.

우리 삶의 고단함이 우리가 하나님으로부터 멀어진 것에 대한 경고 나부랭이가 아닌 우리가 지금도 하나님의 우리에게 허락하신 삶을 최선을 다해 살아 내고 있다는 증거라는 말입니다. 그러니 우리 삶이 힘들 때마다 하나님께 감사하며, 하나님께 이 삶을 살아 낼 수 있는 힘을 달라고, 도움을 달라고 기도하는 삶으로 살아가는 겁니다.

그리고 여기서 중요한 한 가지, 우리가 살아가는 이 고단한 삶에 하나님은 우리를 혼자 두지 않으셨다는 것입니다. 우리 하나님이 항상 우리와 함께하신다는 거지요. 그리고 우리는 그거면 되는 겁니다. 아니 충분한 겁니다.

힘들지...
오늘도 수고했다~

#50
오늘 하루 평범하게

> 그리고 하늘에서 소리가 나기를 "이는 내가 사랑하는 아들이다. 내가 그를 좋아한다" 하였다(마 3:17, 새번역).

"야, 요즘 내 글 어때?"

페이스북에 '신앙과 삶'에 대한 글을 시작하며 가끔 필요한 용기를 주고 더 가끔은 책으로 내자고 부추겨(?) 마음을 흡족하게 해 주는 친구에게 물어봅니다. 은근히 "네 글은 참 좋아, 책 한번 가자"라는 말을 듣고 싶은 겁니다.

"왜 요즘은 야곱만 나와?

더 독특하고 파격적으로 한번 써 봐!"

듣고 싶은 답이 아닙니다. 그런데 그 말에 저의 내면에 웅크리고 있는 욕망이 드러납니다.

페이스북에 글을 쓰면서 나만의 독특하고 창의적이고, 또 깊은 통찰력이 있는 글에 대한 끊임없는 갈망을 경험합니다. 매번 글에 "좋아요"가 눌러지는 횟수에 따라 글의 완성도가 평가되는 것 같고, 좋은 댓글을 보며 만족감이 올라옵니다.

그러니 글쓰기 전에 더 좋은 글을 써야 한다는 부담, 이미 긴장하고 쓰여지는 글은 오히려 더 뻣뻣하고 부자연스러워집니다. 그러면 어김없이 어떻게 글을 써 왔는지 잊어버리게 되고, 방향성을 상실하게 됩니다. 생각해 보면 욕심의 결과인데 주기적으로 일어납니다. 내 안에 웅크리고 있던 특별함, 독특함에 대한 욕망을 글을 통해 드러내고 인정받고자 하는 욕심, 이로 인한 반작용으로 글을 쓰는 방향성을 잃어버리고 감각을 잃게 되는 겁니다.

우리 생각이고 우리 통찰이 아닙니다. 우리가 살아간다는 것은 우리 이름으로 세상을 살아가면서 우리 이름으로 무엇인가를 남기는 삶이 아닙니다. 물론 이전에는 그렇게 살았습니다. 하지만 아닙니다. 우리가 사는 것이지만 우리가 사는 것이 아닌, 그리스도로 살아가는 삶, 당연히 우리의 이야기가 아닌 그리스도의 이야기입니다.

그러니 우리가 굳이 창의적일 필요도, 독특할 필요도, 깊은 내면적 깨달음의 필요도 없습니다. 그냥 살아가는 겁니다. 오늘 주어진 삶을 살아가며 그 하루에 감사하는 것, 우리는 그냥 그렇게 살아가는 것입니다(성실이라는 단어를 습관적으로 넣으려고 했지만, 성실이면 더 좋겠지만 굳이 '성실하게'까지 갈 필요는 없을 것 같습니다).

하나님이 일하십니다. 우리는 그냥 길을 걷는데 그 뒤에 발자국이 남겨지고, 지나간 자리에 향기도 남겨지는데 그리스도의 흔적이고 하나님의 일하심의 흔적들입니다. 우리가 의도하지 않아도, 우리가 노력하지 않아도 자연스럽게 되는 겁니다. 그러니 우리는 그냥 살아가는 겁니다.

우리만의 무엇을 남겨 주위 사람들에게 우리를 알리는 삶이 아니라 하나님이 우리에게 허락하신 그 길을 그냥 걷는 겁니다. 그러면 우리가 걸었던 그 자리에는 주님의 흔적, 그것이 발자국이 되었든, 향기가 되었든, 어쨌든 주님의 자취가 남겨질 것입니다. 그리고 이것이 우리가 그 길을 걸었음을 증명하게 되는 겁니다.

그러니 우리는 그냥 우리에게 주어진 길을 걸으면 됩니다. 우리에게 주어진 길을 걸으며 "탑을 쌓아 우리 이름을 높이자"는 유혹의 소리, "높은 곳에서 뛰어내려 세상의 주목을 받으라"는 유혹의 소리가 아닌 "이는 내 사랑하는 아들이요 기뻐하는 자"라고 말씀하시는 주님의 음성에 우리의 귀를 열어 두는 겁니다. 그리고 오늘 하루 평범한 우리의 삶을 살아가는 겁니다. 오늘 우리에게 하나님이 허락하신 하루의 삶이기 때문입니다.

#51
하나님이 멈추게 하실 때

> 아브라함 때에 첫 흉년이 들었더니 그 땅에 또 흉년이 들매 이삭이 그랄로 가서 블레셋 왕 아비멜렉에게 이르렀더니 여호와께서 이삭에게 나타나 이르시되 애굽으로 내려가지 말고 내가 네게 지시하는 땅에 거주하라(창 26:1-2).

믿음의 조상들에게는 시련이 필수적인가 봅니다. 아브라함이 가나안에 이주한 후 찾아온 기근으로 인해 갖은 고생을 다했는데 이번에는 이삭입니다.

이삭이 어떤 선택을 할까요?

당연합니다. 일단 기근을 피하고 봐야 하는 거고, 기근 다음은 나중에 생각하면 됩니다. 그러니 이삭의 시선이 애굽으로 향하는 것은 자연스러운 일, 아버지 아브라함이 그랬던 것처럼 애굽으로의 이주를 생각하게 됩니다. 그런데 이번에는 하나님이 막으십니다. 아브라함 때와 차이라면 차이겠지요. 그런데 하나님은 여기서 그치지 않으시고 이삭이 듣기에 너무도 달콤한(?) 약속까지 덤으로 더해 주십니다.

하나님이 지시하시는 땅, 바로 그 땅에 거하면 하나님이 복을 주시고, 땅을 주시고, 자손의 축복까지, 복의 3종 세트를 전부 주시겠다고 하는 겁니다. 이 엄청난 축복 앞에 이삭의 선택은 당연합니다. 하나님이 말씀하시는 땅에서 눌러 앉는 겁니다.

그런데 하나님은 언제나 그렇듯이 어디라고는 말씀해 주시지 않습니다. 왜 그러시는지 모르겠지만 하나님의 방식인 침묵입니다. 그리하여 이삭은 일단 그랄 땅, 블레셋 사람들이 사는 땅에서 시작합니다. 그런데 그 땅에서 사는 것이 기대만큼 수월하지 못합니다.

그랄 땅에 사는 블레셋 사람들, 이미 너무도 강력하고 두려움의 대상이 될 만한 사람들이었기에 이삭은 블레셋 사람들의 눈치를 보면서 조용히 살아가야 했습니다. 그런데 눈치 없으신(?) 하나님이 문제를 만드시는 겁니다. 하는 일마다 잘되게 하시는데, 농사를 지으면 100배 축복, 양과 소 떼는 엄청 번성하고, 종들까지 기하급수적으로 늘어나는 겁니다. 조용히 살고자 했던 이삭이지만 어쩔 수 없이 사람들의 눈길을 끌게 되는 겁니다.

블레셋 사람들의 대응은 추방입니다. 명목상으로는 자신들보다 크고 강성하기 때문이라고 하는데 한마디로 말해서 "당신 잘 되는 거 배 아프니 여기서 나가라"는 겁니다. 이제 이삭은 다시 떠나야 합니다.

그런데 어디로?

하나님은 자신이 지시하는 땅에서 살라고 하셨는데 그 땅에 대한 말씀은 안 하시니 그냥 일단 가장 그럴듯한 곳으로 옮겨야 합니다. 그래서 선택한 장소가 그랄 골짜기, 그곳에 장막을 치고 정착합니다. 그리고 그곳에서 우물을 파고, 빼앗기고, 또 우물을 파고 빼앗기고, 이런 우여곡절 끝에 결국에는 세 번째 우물까지 파고서야 겨우 안정을 찾게 됩니다. 그리고 브엘세바, 이삭이 의도하지 않았던 곳, 그냥 몰리고 몰려서 우연히 도착한 바로 그곳, 그런데 그곳이 바로 아버지 아브라함이 살던 땅이었고, 그 땅이 하나님의 약속의 자리였습니다.

그런데 여기서 불만하나?

왜 하나님은 바로 브엘세바로 올라가라고 직접 말씀하지 않으신 걸까요? 애굽으로 향하려는 이삭에게 애굽에 가지 말라고 말씀까지 하셨으면서 왜 정작 어디로 가라고는 말씀하지 않으시는 걸까요?

솔직히 저는 하나님이 왜 그러시는지는 모릅니다. 하지만 한 가지, 우리가 살아가면서 삶이 막히는 순간이 있다면 흔히 말하듯이 운이 없다거나 일이 잘 풀리지 않아서가 아니라는 것, 그 안에는 하나님의 뜻이 있다는 겁니다.

  그러니 우리는 계속해서 돌파하려는 치열한 노력을 내려놓고, 투덜거림이 아니라 조용히 멈춰야 하며, 우리 기대보다 많이 느려져도 포기하지 않고 하나님의 일하심을 기다려야 합니다. 하나님이 서게 하셨다면 또 하나님이 움직이게 하실 것이라고 믿기 때문입니다.

오늘도 안 오시나 봅니다
내 시간표와 당신의 시간표는
너무 다른 것 같아요

#52
넘어지면 일어나는 일

> 이에 베드로가 예수의 말씀에 닭 울기 전에 네가 세 번 나를 부인하리라 하심이 생각나서 밖에 나가서 심히 통곡하니라 (마 26:75).

우리 속담에 "엎어진(넘어진) 김에 쉬어간다"라는 말이 있습니다. 그런데 이 말이 쉽지 않습니다. 지난 주 화요일, 갑자기 노트북이 멈췄습니다. 나름 연식이 있어서 그런 것 같아 다음 날 서비스 센터 문을 두드렸고 바로 장기 입원 상태에 들어갔습니다. 노트북의 부재였습니다.

노트북이 없어지니 마음이 불편해지기 시작합니다. 페이스북에 글 올리는 일이 멈춰진 겁니다. 지난 11월 시작해서 이제는 거의 일상이 되었습니다.

그런데 하지 못 한다?

"그래, 이왕 이렇게 되었으니 좀 쉬는 것도 괜찮을 거야."

"그동안 여유도 부려보고 또 묵상도 새롭게 하면 도움이 될 거야."

이렇게 위로하기에는 마음의 불편함이 훨씬 더 큽니다. 일상에서 조금 여유가 생겼는데 그 여유가 불편해지는 겁니다.

그런데 시간이 좀 지나며 마음속에 가득했던 불편함들이 걷히자 더 깊은 곳에서 새로운 아이디어들이 올라옵니다. 의무적으로 무엇인가를 써야 한다고 생각하고 머릿속에서 글을 짜내야 할 때는 바닥을 박박 긁어야 겨우 한 편의 글을 완성할 수 있었습니다. 하지만 늘 하던 일들이 막히자, 다시 말해 넘어지고 보니 그동안 들리지 않던 마음속의 소리들이 올라오기 시작한 겁니다.

우리가 그런 것 같습니다. 잘 나갈 때, 잘하고 있을 때는 깊고 세밀한 소리를 듣지 못합니다. 하지만 우리가 의도하지 않는 일들이 생겨 길이 막히거나 넘어져 있을 때 우리에게 새로운 소리(예수님의 소리)들이 들려집니다. 예수님을 세 번 부인했던 베드로가 그랬습니다.

베드로는 예수님의 수제자로 잘 나가던 사람이었습니다. 그가 전성기를 구가하고 있던 어느 날 예수님은 베드로가 자신을 세 번 부정할 것(마 26:34)이라고 경고하셨습니다.

하지만 베드로는 예수님의 경고가 귀에 들리지 않았습니다. 자신은 절대 그럴 일이 없다고 자신했습니다. 그런데 정말 그 순간이 왔고, 베드로는 무너져 버렸습니다. 그런데 놀라운 일이 일어납니다. 자신의 전성기에는 들리지 않았던 예수님의 음성이 들린 겁니다.

"닭 울기 전에 네가 세 번 나를 부인하리라."

분명 베드로의 실패였습니다. 넘어진 겁니다. 하지만 바로 그 자리에서 베드로는 자신의 전성기에는 듣지 못했던 예수님의 소리를 듣게 된 겁니다. 그러니 베드로에게 있어 그의 넘어짐이 베드로가 베드로 되게 하는 귀한 시간이 된 겁니다. 그리고 그 넘어짐이 베드로 하여금 마지막까지 예수님의 최고의 제자 베드로로 살아가게 하는 시발점이 되었습니다.

'넘어진 김에 쉬어 가기'입니다. 너무 빨리 일어나려고 하지 말고 그 자리에서 충분히 머물며 이전에는 들을 수 없었던 주님의 소리를 듣는 겁니다. 다시 일어서는 것은 걱정하지 말구요. 때가 되면 주님이 다시 서게 하실 것입니다.

#53
작은 것 하나면 됩니다

> 내가 주께 간구하오니 내 형의 손에서, 에서의 손에서 나를 건져내시옵소서 내가 그를 두려워함은 그가 와서 나와 내 처자들을 칠까 겁이 나기 때문이니이다 (창 32: 11).

본능이 먼저일까요, 믿음이 먼저일까요?

당연히 본능이 먼저입니다. 얍삽함을 자신의 최고의 무기로 살아왔던 야곱, 벧엘에서 하나님을 만났고, 그로 인해 하나님의 이름으로 살아가는, 믿음의 조상으로의 모습을 갖추어 가고 있는 사람입니다. 그런데 이 사람에게 인생 최대의 위기, 형 에서를 만나는 일이 기다리고 있습니다.

어떻게 할까요?

야곱은 자신의 위기를 하나님을 의지해서 잘 대처해 나갈 수 있을까요?

당연히 아닙니다. 위기 앞에서는 자기가 먼저입니다. 일단 내가 할 수 있는 일부터, 하나님은 뒷전입니다. 이건 본능입니다. 비난할 수 없습니다. 인간은 누구나 두려움 앞에서는 본능이 먼저일 수밖에 없고 야곱도 당연히 본능이 먼저입니다(본능이 지나간 다음, 바로 그 자리에 남아 있는 것이 믿음입니다).

야곱의 전략은 먼저 간을 보는 겁니다. 자신의 종 몇을 에서에게 보내 인사를 드리게 하면서 눈치를 살피는 거지요. 그런데 종이 가져온 소식은 충격적입니다. 형이 군사 사백을 거느리고 자신을 죽이러 온다는 겁니다. 큰일입니다. 대책을 세워야 합니다. 일단 자신의 가축을 두 떼로 나누고 한 떼라도 살리기로 합니다. 그리고 다시 에서에게 바칠 선물을 준비하고 네 번으로 나누어 형에게 보냅니다(해야 할 말까지 정확하게 지정해 주면서, 야곱의 디테일). 여러 번의 선물로 형의 분노를 누그러 뜨리려는 계획입니다.

나름 그럴듯한 계획인 것 같은데 결과는?

어쨌든 야곱은 자신이 할 수 있는 최선의 준비를 했고 이제 결과를 기다려야 합니다.

나름 괜찮은 전략이지만 만일 누군가 야곱을 보고 있다면 실망할 겁니다.

"역시 야곱은 야곱이야."

"사람은 안 변해."

그렇지요. 실망스럽습니다. 20년 전의 야곱과 전혀 다를 바 없는 야곱의 모습입니다. 하지만 다시 보면 야곱은 다릅니다. 자신의 준비가 먼저였지만 어쨌든 야곱은 하나님 앞에 나아갔고 "하나님, 살려 주세요"라고 기도했습니다. 이전의 야곱이라면 오직 자신의 계획으로만 살아갔겠지만 20년이 지난 지금의 야곱은 비록 예전처럼 자신의 계획을 준비하지만 거기에서 그치지 않고 하나님께 무릎 꿇는 사람이 되었습니다. 조금은 하나님의 사람이 되었다는 증거입니다.

야곱이 백 프로 하나님의 사람이 되어서 하나님만을 의지했으면 더 좋았을 겁니다. 하지만 백 프로가 아니어도 하나님의 사람입니다. 야곱이 자신의 얍삽함을 제대로 드러내고 있었지만 그렇다고 "믿음이 없다", "불신자다", "야곱이 하나도 안 변했다"는 아닙니다.

오히려 야곱의 변화된 것 하나, 본능에 의해 지배되는 위기의 순간, 대부분의 야곱의 반응이 불신앙으로 보이는 중에도 한 가지, 야곱이 하나님을 찾았다는 그 하나가 야곱이 하나님의 사람이라는 증거입니다. 야곱이 가진 겨자씨만 한 믿음 하나, 그 하나가 야곱이 하나님의 사람이라는 증거입니다.

야곱에게 왜 아직도 그러냐고 비난한다면 어쩔 수 없습니다. 하지만 야곱은 많이 발전했습니다. 온전히 자신의 얍삽함으로만 살아가던 사람이었지만 어느 순간부터 "하나님" 하는 겁니다. 그러면 되는 겁니다. 첫 술에 배부를 수 없듯이 야곱이 처음부터 완벽한 하나님의 사람으로 될 수는 없습니다.

#53. 작은 것 하나면 됩니다

지금은 그 작은 믿음 하나만 있으면 되는 것이고, 그것이 바로 야곱이 하나님의 사람임을 보여 주는 확실한 증거입니다. 작은 거 하나, 입에서 나오는 고백 "하나님" 이거 하나면 충분합니다.

#54
주를 향해 뻗어 나가기

여호와여 주의 도를 내게 보이시고 주의 길을 내게 가르치소서 주의 진리로 나를 지도하시고 교훈하소서 주는 내 구원의 하나님이시니 내가 종일 주를 기다리나이다(시 25:4-5).

몇 년 전부터 집에서 아보카도를 키우고 있습니다. 아보카도를 좋아해서 (요즘은 잘 먹지 못하지만) 가끔 먹곤 했는데 혹시 나무가 자랄까 하는 생각에 씨 하나를 화분에 꾹 눌러 놓았습니다. 그렇게 며칠, 화분에는 아무런 변화가 없었고, 저는 씨의 존재 자체를 잊어버렸습니다.

그런데 어느 날 화분에 작지만 파란 싹이 보였습니다. 아마 두세 달은 지난 후였을 겁니다. 그렇게 아보카도와의 동거가 시작되었고 지금은 세 그루가 되었습니다. 첫 번째 아보카도는 올 봄에 말라 죽고 지난 겨울에 다시 심었던 씨앗에서 세 그루가 살아남아서 자라고 있습니다.

아보카도를 키우며 정기적으로 하는 일이 있습니다. 화분을 돌려 주는 일입니다. 거실 창가, 햇빛이 가장 잘 드는 곳에 세워 둔 아보카도는 시간이 지나면 창 쪽으로 휘어져 자랍니다. 본능적으로 더 많은 햇빛을 찾아서 자신의 몸을 휘어져 가게 하는 겁니다. 더 많은 햇빛을 받기 위해서, 아니 살기 위해서 자신의 최선을 다하는 거지요. 그대로 두면 완전히 휘어진 몸으로 자라게 됩니다. 그래서 정기적으로 화분을 돌려 주어 아보카도가 곧게 자랄 수 있도록 돕는 겁니다.

아침에 보니 아보카도가 늘 그렇듯이 창쪽으로, 햇빛을 향해 자신의 몸을 최대한 뻗어 내고 있었습니다. 비뚤어진 겁니다. 그래서 화분을 돌려 놓았습니다. 며칠이 지나면 언제 그랬냐는 듯이 곧게 서게 될 것입니다. 그리고 다시 며칠이 지나면 햇빛을 향해 자신의 몸을 휘어지게 할 겁니다. 그러면 저는 다시 화분을 돌려 놓겠지요.

화분을 돌리며 문득 생각했습니다. 아보카도가 햇빛을 향해 자신의 몸의 휘어짐을 감수하면서까지 조금이라도 더 가까이 다가가려고 하는 것처럼 우리가 주를 향해 최선을 다해 다가가려고 하고 있는가?

우리가 주님을 바라보기 위해 주님이 더 잘 보이는 곳으로 우리의 몸을 움직여 가고 있는가?

우리가 주의 말씀을 듣기 위해 주님의 채널에 모든 신경을 맞추고 있는가?

갑자기 아보카도의 햇빛을 향한 최선이 부러워졌습니다. 아보카도처럼 주를 향해 몸을 휘어지게 하면서까지 최선을 다하며 살고 싶어졌습니다. 최소한 오늘만큼만이라도 그렇게 살고 싶어졌습니다.

#55
하나님의 초대

> 그 사람이 그에게 이르되 네 이름이 무엇이냐 그가 이르되 야곱이니이다 그가 이르되 네 이름을 다시는 야곱이라 부를 것이 아니요 이스라엘이라 부를 것이니 이는 네가 하나님과 및 사람들과 겨루어 이겼음이니라(창 32:27-28).

밤이 지나면 형 에서를 대면해야 합니다. 지난 20년간 어떻게 해서든 에서와의 대면을 피하려고 노력했던 야곱인데, 이제는 더 이상 도망도, 회피도 할 수 없습니다. 이제 야곱에게 남아 있는 것은 형을 대면하는 일 외에는 없습니다.

사람은 어쩔 수 없나 봅니다. 도망갈 구멍이 있으면 끝까지 도망가고 보는 게 사람입니다. 도망갈 수 있을 때는 끝까지 도망하는 겁니다. 그러다가 막다른 골목에 들어서야, 자신의 힘으로는 도저히 할 수 없을 때야 비로소 "아이고, 하나님", "하나님, 살려 주세요" 합니다.

야곱도 마찬가지입니다. 이제 자신이 할 수 있는 것은 다 했습니다. 에서를 만나지 않기 위해 20년을 도망가 살았습니다. 에서를 만나기 전에 화를 누그러뜨리기 위해 자신이 할 수 있는 모든 수단을 다 동원했고, 이제 홀로 남았습니다. 그런데 야곱은 알고 있습니다. 자신의 모든 노력이 아무런 가치가 없다는 것을, 자신은 최선을 다했음에도 불구하고 내일이면 이제 형을 만나야 한다는 것을, 분노한 형 앞에서 자신은 아무것도 할 수 없고, 온전히 형의 처분만을 기다려야 한다는 것을, 그렇게 야곱은 그 밤, 철저히 혼자가 되었습니다.

그 밤 혼자가 된 야곱은 무엇을 했을까요?

기도입니다. "에서"라는 두려움 앞에서 야곱은 이미 기도를 시작했고 (창 32:11), 이제 혼자 남아 다시 기도의 자리로 들어갔습니다. 그리고 그 기도는 어떤 기도보다 치열한, 레슬링 같은 "얍복 나루터의 철야 씨름기도"(김회권, 『모세오경』, 340)로 발전해 간 겁니다. 당연합니다.

야곱은 기도 외에는 할 수 있는 것이 없었고 그 기도는 당연히 간절했을 겁니다. 그리고 그곳에서 야곱은 하나님의 은혜를 입었습니다. "야곱", "속이는 자", "발목을 붙잡은 자"에서 "이스라엘", "하나님과 싸워 이긴 자", "하나님의 존귀한 자"로 정체성이 바뀌는 순간입니다. 이제 "야곱", 아니 "이스라엘"은 더 이상의 자신의 힘으로 살아가는 존재가 아닌 하나님의 존귀한 자로서 하나님의 이름으로 살아가는 자가 된 것입니다. 야곱이 만난 위기, 야곱은 살려 달라고, 문제 해결해 달라고 하나님을 찾아갔더니 하나님은 문제 해결이 아닌 야곱을 키워 버리신 겁니다.

인생의 위기, 우리는 살아가면서 넘어질 때가 있습니다. 세상은 모두 잘 돌아가는데 나만 일이 잘 안 되고 힘들고 의기소침하고, 그리하여 깊은 수렁에서 허우적거릴 때가 있습니다. 그러면서 우리는 이 문제가 빨리 해결되기를, 다시 말해 우리의 문제만을 붙잡고 "하나님, 이거 빨리 해결해 주세요" 하는 겁니다.

하지만 아닙니다. 우리가 깊은 수렁에 빠졌던 일차적 원인은 우리의 실패일 수 있지만 본질은 "하나님이 우리를 부르시는 순간", "우리에게 당신과 깊은 교제의 시간을 갖자는 하나님의 초대"입니다.

그러니 문제 해결이 먼저가 아닙니다. 우리는 다시 한번 주님께 집중하고 주님만 바라보아야 하는 겁니다. "넘어진 김에 쉬어 간다"는 말이 있는데 우리는 넘어진 김에 주님과의 깊은 만남의 시간을 가지는 겁니다.

그러면 문제는?

주님이 우리와 충분히 교제하시고 이제 되었다고 하실 때쯤, 이전보다 훨씬 많이 성장해 있는 우리로서 대면하게 되는 겁니다. 대부분의 경우 이전의 문제는 더 이상 문제가 되지 않을 것이고, 혹 문제가 여전히 남아 있어도 우리가 기꺼이 감당할 수 있게 될 겁니다. 왜냐하면, 주님이 우리를 한 뼘 더 성장시켜 주셨기 때문입니다.

#56
주님은 아십니다

> 그러나 내가 가는 길을 그가 아시나니 그가 나를 단련하신 후에는 내가 순금 같이 되어 나오리라(욥 23:10).

욥의 고백입니다. 하나님과 사탄의 내기(?) 불똥이 욥에게 튀어 벌어진 일입니다. 당연히 욥은 영문도 모르고 당하는 중입니다. 그냥 열심히 살아온 것뿐인데 어느 날 자신이 가진 모든 것, 사랑하는 자녀와 아내, 오랜 시간 수고해서 얻은 재물, 주변에 있던 많은 사람, 모든 것이 하루아침에 날아갔습니다. 그냥 한순간에 일어난 일, 왜 자신에게 그런 일이 일어났는지는 모릅니다.

주위에서 말합니다.

"다 너 때문이야."

"네가 하나님 앞에 제대로 살지 않았기 때문이야."

"너도 모르는 사이에 하나님께 범죄했기 때문이야."

그런데 아무리 생각해도 그런 것 같지 않습니다. 자신은 열심히 하나님을 예배하며 살았고 지금도 하나님만 바라보고 있습니다. 하지만 친구들은 아니랍니다. 네가 교만해서 이렇게 된 것이고, 네가 잘못해서 일어난 일이랍니다. 네가 너무 잘 나가서 하나님을 잊었기 때문이고, 하나님보다 재물을 더 사랑했기 때문이라고 합니다. 그러니 회개하라고, 하나님께 네 모든 죄를 회개하고 다시 시작하라고 합니다.

그런데 정말 그런가요?

친구들의 말이, 오랜 시간 자신을 지켜봤던 친구들의 말이 맞는 걸까요?

어쩌면 맞을지도 모릅니다. 왜냐하면, 그 이유가 아니면 지금 일어나고 있는 일이 설명되지 않으니까요. 그런데 그렇다고 친구들의 말을 인정할 수도 없습니다. 만일 친구들이 말이 맞는 거라면 인생 전체, 평생을 하나님을 경외하며 살아온 삶 전체가 한순간에 사라지는 것이니까요.

그러면?

솔직히 모르겠습니다.

자신의 인생이 잘 살아온 것인지 아닌지?

자신의 믿음의 길이 바른 길이었는지 아닌지?

고통의 한가운데 서 있는 지금도 잘 모르겠습니다. 그런데 한 가지는 분명합니다. 자신은 잘 몰라도 하나님은 분명히 알고 계십니다. 자신은 지금 왜 이 자리에 있어야 하는지 모르지만, 분명한 것은 하나님이 지금 자신을 연단하고 계신다는 것, 그리고 연단이 끝나면 하나님이 자신을 다시 세워주실 것이라는 것만은 믿고 있는 겁니다.

솔직히 잘 모르겠습니다. 하나님의 연단이 얼마나 오랜 시간 동안 계속될지. 하지만 한 가지는 분명히 알고 있습니다. 하나님이 주시는 지금의 연단 끝에는 한 단계 더 성장한, 지금보다 더 나은 하나님의 사람으로 세워져 있을 것이라는 사실입니다.

하나님이 지금 왜 이러시는지 모릅니다. 하지만 분명한 것은 하나님은 포기하지 않으실 것이라는 것, 그리하여 우리로 하여금 당신의 이름으로 살아가게 하실 것이라는 것입니다.

우리는 모릅니다. 하나님의 연단이 얼마나 오랫동안, 얼마나 날카롭게 이어질지. 하지만 우리는 몰라도 하나님은 아십니다. 그러니 우리는 하나님이 우리 길을 아시기에 우리는 그냥 "아 몰라! 하나님이 알아서 하세요" 할 수 있는 겁니다.

#57
성령 충만?

> 오순절 날이 이미 이르매 그들이 다같이 한 곳에 모였더니 홀연히 하늘로부터 급하고 강한 바람 같은 소리가 있어 그들이 앉은 온 집에 가득하며 마치 불의 혀처럼 갈라지는 것들이 그들에게 보여 각 사람 위에 하나씩 임하여 있더니 그들이 다 성령의 충만함을 받고 성령이 말하게 하심을 따라 다른 언어들로 말하기를 시작하니라(행 2:1-4).

"성령 충만 받아라."

어린 시절부터 교회에서 많이 들었던 말씀입니다. 그리고 지금도 그렇게 선포하시는 목사님들, 부흥사님들도 많이 계십니다.

저 역시 '성 령 충 만' 받기 위해 열심히 노력했던 적이 있습니다. 교회에서 하는 부흥회에 참석해서 누구보다 열심히 기도했고, 기도원에 올라가서 금식하고 부르짖기도 했습니다. 그리고 실제 성령 충만을 경험하기도 했습니다. 기도하면서 주체할 수 없는 눈물을 흘렸고, 또 어느 날부터인가는 방언으로 기도할 수 있게 되었습니다. 그러니 나름 성령 충만의 경험을 가지고 있는 겁니다.

그런데 '성령 충만' 하면 빠지지 않는 단어가 있습니다. 사탄입니다.

"은혜받으면, 성령 충만 받으면 반드시 사탄이 시험할 것이다."

"사탄의 시험에 조심하지 않으면 받은 은혜를 다 까먹을지 모르니 조심하라."

그런데 신기하게도 은혜받은 다음 날, 기도원에서 내려온 바로 그날은 언제나 싸움이 있었던 것 같습니다. 부모님께 혼이 난다거나 동생하고 싸우거나 친구들과의 마찰 등 받은 은혜는 너무도 쉽게 바로 다 까먹어 버리는 겁니다. 그럼 다시 성령 충만 받기 위해 부르짖어야 했습니다. 저만 그런 것인지는 모르지만, 저는 그렇게 한방에 은혜를 까먹는 일이 반복되었고, 또다시 '성 령 충 만'을 부르짖어야 했습니다.

그런데 지금 와서 생각해 보면 저의 삶은 '성령 충만', '능력의 종'의 삶과는 거리가 있는 것 같습니다(개인적으로도 "성령 충만"이라는 단어보다는 "주님의 함께하심"이라는 말을 더 좋아하기도 합니다). 제가 이해한 '성령 충만'은 이렇습니다. 일단 성령 충만을 받으면 능력을 받는다. 그러면 아픈 사람을 치유하고 기적을 행하여 하나님이 살아 계심을 세상에 증거 할 수 있다.

또한, 성령 충만을 받으면 사탄의 유혹을 물리치고 하나님의 능력의 종이 될 수 있다. 이런 겁니다. 하지만 제 삶은 '성령 충만'한 능력의 종과는 거리가 먼 그냥 평범한 그리스도인, 하루를 살아가기 위해 주님의 도우심이 필요한, 그래서 주님의 말씀 하나를 붙들고 살아가는 그런 평범한 한 사람의 그리스도인의 삶인 것 같습니다. 이전에도 그랬고 지금도 그렇게 살아가고 있습니다.

오늘을 어떻게 살아갈 것인가?
하나님이 오늘 나에게 주시는 말씀이 무엇인가?
오늘을 살아가기 위해 나에게 가장 필요한 것이 무엇인가?

이에 대해 오늘 제가 붙들고 있는 말씀은 이 말씀입니다.

> 그러나 내가 너희에게 실상을 말하노니 내가 떠나가는 것이 너희에게 유익이라 내가 떠나가지 아니하면 보혜사가 너희에게로 오시지 아니할 것이요 가면 내가 그를 너희에게로 보내리니(요 16:7).

이에 따른 믿음 "하나님이 나와 함께하신다"입니다. 그리고 그 믿음 안에서 오늘을 살아가는 것입니다.

#58
은혜
아니면
안 되네요

은혜 아니면 살아갈 수가 없네 나의 모든 것 다 주께 맡기니 참된 평안과 위로 내게 주신 주 예수 오직 예수뿐이네(찬양 〈오직 예수뿐이네〉(Only Jesus) 중).

기독교서점을 운영하는 친구가 있습니다. 대략 2000년도쯤부터니 벌써 20년 넘게 그 자리를 지키고 있습니다. 하지만 요즘에는 정말 쉽지 않다고 합니다. 코로나(Covid-19) 여파가 친구에게도 어김없이 닥쳐왔기 때문입니다. 코로나로 교회 행사들이 취소되면서 단체 주문이 사라졌고, 서점에 직접 찾아오는 사람들 역시 줄어들었습니다.

그래도 주말에 손님들이 찾아 주어서 그럭저럭 버텨 왔는데 이제는 평일과 주말 구분 없이 사람 보기 힘들어졌다고 합니다. 그런데 그 친구와 이야기하다보면 반복적으로 듣게 되는 단어가 있습니다. '은혜'입니다.

몇 년 전부터 서점에 찾아오는 손님들을 위해 커피를 내리기 시작했습니다. 물론 무료 봉사입니다. 그런데 거기에 드는 비용이 만만치 않았다고 합니다. 특별히 최근에는 더욱 힘에 부치는 일이 되었습니다. 그런데 얼마 전부터 단골손님 한 분이 커피 값에 보태라고 헌금을 하기 시작했다고 합니다. 거의 동시에 다른 단골 손님도 헌금을 하기 시작했는데 역시 커피 값에 보태라는 이유였고 같은 금액이었다고 합니다. 예상치 못한 헌금이 모여 커피를 내리고 대접하는 일을 계속하게 된 겁니다. 친구의 입에서 은혜라는 말이 반복적으로 나오는 이유입니다.

친구는 계속해서 은혜의 이야기를 이어 갑니다. 얼마 전에는 어느 할머니 권사님이 오셔서 헌금을 하고 가셨다고 합니다. 기독교서점이기는 했지만 서점에 헌금을 한다는 것은 들어보지 못한 일인데 그런 일이 일어난 겁니다.

그러면 그는 헌금을 어떻게 사용했을까요?

아내에게 가져다주었다고 합니다. 서점이 상황이 좋지 못해서 한동안 생활비를 가져다주지 못했는데 얼마 안 되는 돈이었지만 그것으로 아내에게 오랜만에 생활비를 가져다 줄 수 있었다고 합니다. 그러면서 이야기합니다.

"역시 은혜 아니면 안 되는 것 같다."

친구는 서점을 하나님이 자신에게 주신 사명으로 알고 감당해 오고 있습니다. 20년이라는 짧지 않은 시간 동안 여러 번의 위기도 있었지만 서점이 단순히 밥벌이 수단이 아니기에, 하나님이 주신 사명이기에 최선을 다해 그 자리를 지켜 오고 있는 겁니다. 그러면서 그는 매일을 하나님의 은혜로 살고 있다는 고백을 하는 겁니다. 다시 말해, 그만큼 어려웠다는 것이겠지요. 그가 지내온 어려운 삶의 현실이 하나님의 은혜를 선명하게 보며 살아올 수 있게 한 것일 겁니다. 그러니 입에서 "은혜"라는 단어가 반복적으로 나올 수밖에 없었던 것일테지요.

친구의 삶을 자세히는 모르지만 저는 그의 입에서 나오는 "은혜"라는 단어가 참 듣기 좋습니다. 제 주위에, 그것도 제 친구가 "하나님의 은혜 없이는 안 된다"는 절절한 신앙고백을 하며 살아가는 모습이 좋고, 또 존경스럽습니다. 하지만 한편으로는 그가 견뎌왔을 어려운 시간들이 그려지기에 안쓰러움도 있습니다.

"너나 나나 은혜로 사는 건데, 은혜로 사는 사람 둘이 모이면 안 될 것 같아. 똑같은 것들 둘이 모여 봤자 뭐가 나오겠어."

저의 농담에 친구 역시 웃으면 답합니다.

"그러게, 그래도 둘 중 하나는 좀 나아야 뭐라도 생기는건데 …."

그렇게 말은 하지만 저와 친구, 둘 다 알고 있습니다. 그래도 우리는 은혜로 살아가는 삶을 절대 포기하지 않을 것이라는 것을, 왜냐하면, 은혜 아니면 안 된다는 것을 우리가 너무도 잘 알고 있기 때문입니다.

59
하나님,
지금
여기
맞나요?

야곱이 밧단아람에서부터 평안히 가나안 땅 세겜 성읍에 이르러 그 성읍 앞에 장막을 치고 그가 장막을 친 밭을 세겜의 아버지 하몰의 아들들의 손에서 백 크시타에 샀으며 거기에 제단을 쌓고 그 이름을 엘엘로헤이스라엘이라 불렀더라(창 33:18-20).

"아빠, 얼마나 남았어?"

큰 아이가 차를 타면 하는 질문입니다. 아이는 출발한 시간과는 상관없이, 자기가 아는 길이든 아니든 관계없이 질문합니다. 어떤 때는 한번 물어보지만 또 어떤 때는 계속해서 물어봅니다. 아마 아이에게는 그냥 하는 말일 겁니다. 차를 타고 가다가 무료해서, 아니면 아빠에게 말을 한번 걸어보거나 그것도 아니면 자신의 질문에 대한 아빠의 반응이 재미있어서 일수도 있습니다. 이유가 어찌되었든 아이는 계속해서 "지금 얼마나 남았어?"라는 질문을 하고 저는 거기에 대답을 해야 합니다.

그렇습니다. 우리가 길을 가고 있다면, 그것도 내가 운전대를 잡고 있지 않다면 우리는 항상 목적지에 언제쯤 도착할지, 아니 그 이전에 과연 우리가 목적지를 향해 잘 가고 있는지 궁금할 것입니다. 그래서 우리는 운전대를 잡고 있는 친구, 우리를 인도하는 누군가에게 우리가 지금 잘 가고 있는지, 언제쯤 도착할지를 물어야 합니다. 그래야 우리가 지금쯤 어디에 있는지 알 수 있습니다.

야곱은 지금 밧담아람을 떠나 벧엘, 그 자신이 도망하던 중에 하나님을 만났던 바로 그곳으로 향하고 있습니다. 물론 쉽지 않은 결정이었고 용기가 필요했던 여정이었습니다. 하지만 야곱은 그래도 살아야 했기에, 형 에서에 대한 두려움에도 불구하고 그 길을 떠났고 이제 가나안 어귀에 도착했습니다. 우여곡절 끝에 형 에서와의 극적으로 화해했고, 자신의 선택이 잘한 선택이었음을 알게 되었습니다.

그런데 아직입니다. 벧엘로 돌아오는 야곱의 여정은 아직 끝이 난 것이 아닙니다. 이제 마지막 결정을 해야 하는 것이지요. 그런데 그 결정 역시 쉽지가 않습니다. 벧엘로 올라가기 위해서는 형과 동행을 하거나 그의 장정들의 호위를 받아야 하고, 또 형의 세력권 안에 들어가야 하는데, 야곱은 아직 거기까지는 준비되지 못한 것 같습니다. 그리하여 형의 제안을 정중히 거절하고, 야곱은 근처 세겜 땅에 장막을 치게 됩니다.

이제 정말 다 왔는데, 한 번만 더 용기를 내면 벧엘, 하나님을 만났던 바로 그곳으로 갈 수 있었는데 야곱은 그 자리에 머무르는 것을 택합니다.

믿음이 부족해서였을까요?

아니면 자신이 장막을 친 자리 역시 가나안의 일부이니 이 정도면 되었다고 생각했을까요?

이유야 어찌 되었던 야곱은 마지막 한 발 내딛는 대신 지금 눈에 보이는 곳에 만족하고 그곳에 장막을 친 것입니다. 그런데 여기서 한 가지가 빠졌습니다.

하나님께 물었어야 합니다. 야곱 자신이 장막을 치려는 그 땅에 머물러도 되는 것인지, 벧엘로 올라가는 일을 잠시 미뤄도 되는지, 그러면 언제쯤 올라가야 하는지 하나님께 물었어야 하는 겁니다. 그리하여 야곱 자신의 때가 아닌 하나님의 때에 맞춰야 했던 겁니다. 야곱 자신이 원하는, 안전한 곳처럼 보이는, 풍요롭게 보이는 그 땅이 아니라 바로 하나님이 원하는 바로 그 땅이었어야 했던 것입니다.

우리 역시 마찬가지입니다. 우리는 지금 믿음의 여정을 가고 있습니다. 하지만 잘 모릅니다. 우리가 잘 가고 있는지 아니면 잘못 가고 있는지, 이미 다 왔는지 아니면 아직도 가야 하는지, 쉽게 말해 우리가 지금 어디에 서 있는지 모르는 겁니다. 그래서 주님께 물어야 합니다.

"하나님, 제가 잘 가고 있나요?"

"지금 어디쯤 서 있는 겁니까?"

"앞으로 얼마나 가야 하고 얼마나 남았습니까?"

그리고 하나님으로부터, 하나님의 말씀으로부터 그 답을 얻어야 합니다. 그렇게 우리는 주님께 우리가 서 있는 자리, 그리고 우리가 가고 있는 방향에 대해 끊임없이 묻고 확인하며 믿음의 길을 가야 합니다.

#60
예수님이 제자들을 찾으신 이유

> 그날에 그들 중 둘이 예루살렘에서 이십오 리 되는 엠마오라 하는 마을로 가면서 이 모든 된 일을 서로 이야기하더라 그들이 서로 이야기하며 문의할 때에 예수께서 가까이 이르러 그들과 동행하시나(눅 24:13-15).

한 편의 멋진 꿈을 꾸었던 것 같습니다. 엠마오로 가고 있는 제자들, 그들은 예수님을 만났고, 예수님이 오랜 시간 자신이 고대했던 소망을 이루어 주실 것이라고 믿었습니다. 그리고 정말 예수님은 조금씩 자신들의 꿈을 현실로 만들어 가셨습니다. 이제 곧 그날이 올 거라고 믿었습니다.

그런데 세상일이라는 것이 그렇게 마음대로 되는 것은 아닌가 봅니다. 거의 이루어질 뻔했던 그 일이 허무하게 무너져 버렸습니다. 자신들의 꿈이 완벽하게 현실이 되려는 바로 그때, 예수님이 로마의 병사들에 의해 죽임을 당하셨습니다. 그것도 자신들(유대인들)이 알고 있는 가장 수치스러운 모습으로 나무에 달리신 겁니다. 하나님의 저주(신 21:23)입니다. 아마 건드리지 말아야 할 금기를 건드려서였을 겁니다. 언감생심 꿈꾸지 말아야 할 그 일을 이룰 수 있다고 했기 때문일 겁니다.

하루아침에 날아간 꿈이었지만 결코 헛된 일은 아니었습니다. 원하던 대로 일이 되지는 못했지만 그래도 마음속에만 있었던 그 일을 세상 밖으로 드러낼 수 있었고, 또 거의 이루어질 뻔했으니 이제 여한은 없습니다. 혹자는 예수님이 자신들을 속인 것이라고, 순진했던 자신들을 선동했던 선동가이자 사기꾼이었다고, 또 어떤 이들은 예수님이 하나님의 이름을 사칭한 파

렴치한이었을 뿐이라고 하기도 합니다.

하지만 그래도 상관없습니다. 예수님으로 인해 마음속으로 소망하였지만 숨겨야 했던 그 일을 잠시나마 현실에서 경험할 수 있었으니까요. 그거면 되는 겁니다. 그 정도면 완벽한 성공은 아니었지만 그래도 미련없이 자신을 던져 보았기 때문에 어떤 회한이나 아쉬움은 없습니다. 하지만 이제 꿈에서 깨어 현실로 돌아가야 하는 시간입니다. 그리고 지금 걷고 있는 이 길의 끝, 엠마오에는 이전 자신의 삶이 기다리고 있습니다.

하지만 예수님은 당신의 사람들, 엠마오로 가는 두 제자를 놓아줄 생각이 없으셨나 봅니다. 이전의 삶으로 돌아가려는 제자들을 찾으셨습니다. 모든 것을 잊고 새롭게 살아가려는 제자들, 멋진 꿈을 꾸었던 것이라고 스스로를 위로하고 있는 제자들을 찾으신 겁니다. 그리고 예수님은 그들이 예수님과 함께했던 날들이 꿈이 아니었다고, 그들이 예수님과 함께했던 모든 것이 바로 예수님이 이루시고 제자들이 참여하는 하나님 나라의 시작이었다고 지금 알려 주시는 겁니다.

그런데 왜 예수님은 왜 제자들을 놓아주지 않으시는 걸까요?

모든 것을 잊고 새로 시작하려는 제자들입니다.

자신의 인생에서 큰 욕심 부리지 않고, 물론 한때는 엄청난 꿈을 가지기도 했지만, 이제 모든 것을 잊고 자신의 주어진 것에 만족하며 살아가려는 사람들을 왜 그대로 내 버려 두시지 않는 걸까요?

사실 3년이라는 세월이면 자신들이 해야 하는 일을 충분히 했을 시간입니다. 그러니 이제 자신들이 원하는 삶을 살아도 되는 것이고, 그렇다면 제자들이 엠마오로 가는 것을 막으시면 안 되는 것이었습니다. 하지만 예수님을 굳이 엠마오로 향하는 제자들을 찾아가셨고, 결론적으로 그들이 원하고 계획했던 삶을 막아서신 겁니다.

여기서 질문 하나!

예수님을 알아버린 제자들이 예수님을 잊고 새로운 삶을 시작할 수 있었을까요?

예수님과 관계없는 삶을 살아갈 수 있었을까요?

물론 가능했을 겁니다. 처음에는 가능했을 것이라는 말입니다.

하지만 이미 예수님을 알아버린 사람들, 제자들이 예수님을 언제까지 잊고 언제까지 모른 척하며 살아갈 수 있었겠습니까?

당연히 불가능했을 겁니다. 왜냐하면, 한 번 예수님을 알게 되면 다시는 예수 없이 살아가지 못하기 때문입니다. 그렇다면 엠마오를 향해 가는 제자들을 찾아가신 예수님은 제자들을 괴롭히신 것이 아닙니다. 오히려 제자들이 살아갈 수 있도록, 제자들의 삶에 생명을 회복시키시기 위해서였다는 것입니다. 예수님이 제자들을 찾으신 이유입니다.

#61
하나님 다음에는 어디입니까?

> 사람이 마음으로 자기의 앞길을 계획하지만 그 발걸음을 인도하시는 분은 주님이시다(잠 16:9).

    2010년 여름, 당시 저의 가정은 보스톤에 살고 있었습니다. 그런데 어느 날 아내가 근무했던 학교에서 연락이 왔습니다. 교사 자리가 하나 있으니 들어오라는 전화였습니다. 당시 저희는 공부를 마치는 데 드는 최소한의 시간인 7년 정도는 미국에 있을 거라고 생각하고 있었습니다. 그런데 그 전화 한 통이 저희에게 엉뚱한 곳에서의 삶을 시작하게 했습니다.
    미국 생활을 접고 한국으로 들어오기로 결정하는 데 일주일 정도 걸렸습니다. 당시 아내가 무슨 생각을 했는지는 모릅니다. 하지만 아내에게 전화 내용을 들은 후 제 눈에는 미국에서의 고된 삶을 힘겨워하는 아내가 보였습니다. 그대로 두면 아내가 무너질지도 모른다는 생각이 들었습니다(이건 전적으로 저의 생각입니다).
    그때가 미국생활 6년째 되는 해였는데 6년이면 아내가 저를 위해 충분히 수고했다는 생각도 들었고, 이제는 남편인 제가 아내에게 맞춰서 사는 게 맞다는 생각도 들었습니다. 그래서 아내에게 이만큼 했으면 되었다고, 그러니 한국에 들어가자고 했습니다. 하지만 아내는 선뜻 결정하지 못했습니다. 단지 며칠 기도하겠다고 할 뿐이었습니다. 아내에게 기도할 시간을 주면서 한마디 했습니다.
    "예전 같으면 더 어려운 선택을 했는데 지금은 잘 모르겠네 …."

"한국에 들어갑시다"

아내의 결정이었습니다. 기도를 시작하면서 아내는 "더 어려운 선택"을 염두에 두었다고 합니다. 먼저 마음에 걸린 것은 학위를 생각하고 있는 남편과 이제 막 영어로 말을 하기 시작하는 아이들이었다고 합니다. 그리고 미국에서 사는 것이 더 어렵게 느껴졌다고, 그런데 기도하면 할수록 미국보다는 한국에서의 삶이 더 어려워졌다는 겁니다.

미국에서야 어렵긴 해도 살던 대로 그대로 살아가면 되지만 한국에서는 처음부터 다시 시작해야 하는데, 그 '처음부터'가 너무 어려울 것 같았고 그렇다면 한국에 들어가는 것이 맞다는 결론이었다고 합니다. 그렇게 아내와 아이들은 그 해 여름, 저는 마지막 학기를 마치고 겨울에 한국으로 들어오게 되었습니다.

그런데 그때뿐이 아닙니다. 그 이후로도 제 계획대로 이루어진 일은 한 번도 없었습니다.

수원에서 하게 된 첫 번째 사역, 전혀 생각하지도 않고 있었는데 그곳에서 사역하던 친구로부터 사역자를 뽑고 있으니 지원하라는 연락을 받고서야 지원, 사역을 하게 되었습니다. 사역을 시작하면서 최소 6년은 있을 것이라고 생각했는데 2년 만에 사임하게 되었습니다.

다음은 안산에 있는 교회였는데 교회 담임목사님이 선교지를 방문한 사이, 한 달간 설교를 해야 했던 그 교회 협동목사로 있는 친구의 부탁으로 수요예배 설교 한 번이 저를 그곳에서 사역하게 했습니다.

캐나다 리자이나 우리교회에서의 사역도 마찬가지입니다. 미국에서 6년을 살았지만 캐나다는 한 번도 생각해 본 적이 없었는데 어느 날 친구로부터 온 전화 한 통화, 그리고 2달 후 저는 캐나다에서 사역을 하고 있었습니다.

그 후 캐나다에서 돌아오게 된 일, 침례교 국내선교회에서의 사역, 그리고 지금까지. 뒤돌아보면 한 번도 제 계획대로 일이 된 적은 없는 것 같습니다.

지금도 머릿속에는 어떻게 사역을 할지에 대한 그림을 그리고 있습니다. 그런데 솔직히 저의 계획대로, 그림대로 일이 될지는 모르겠습니다. 물론 그렇게 될 수도 있습니다. 하지만 그렇게 되지 않을 수도, 예전처럼 하나님이 저를 전혀 엉뚱한 곳에서 살아가게 하실지도 모르겠습니다.

하지만 중요한 것은 제가 어느 곳에서 살아가든, 그곳이 바로 하나님이 부르신 장소라는 것, 그러기에 기꺼이 그 삶의 자리에서 살아갈 거라는 것입니다. 왜냐하면, "사람이 마음으로 자기의 앞길을 계획하지만 그 발걸음을 인도하시는 분은 주님이시다"가 저의 신앙고백이기 때문입니다.

그리고 하나 더, 제 마음에 불확실한 삶에 대한 두려움이 없어졌습니다. 원래 겁쟁이기에 안정적인 삶을 원하던 저였지만 이제는 안정적인 삶, 계획대로 살아가는 삶이 아닌 하나님의 부르심이 있는 곳에서 살아가고자 하는 기대함으로 살아가고 있습니다. 그러기에 오늘도 하나님께 여쭙고 있는 겁니다.

"하나님, 다음은 어디입니까?"

나의 앞길이 막히고,
나의 오른편 길도 막히고,
나의 왼편 길도 막히고,
나의 뒤편 길도 막히고 나면
그제서야 길은 오직 하나인걸
알게된다.

#62
유다의 뉘우침

그 때에 예수를 판 유다가 그의 정죄됨을 보고 스스로 뉘우쳐 그 은 삼십을 대제사장들과 장로들에게 도로 갖다 주며 이르되 내가 무죄한 피를 팔고 죄를 범하였도다 하니 그들이 이르되 그것이 우리에게 무슨 상관이냐 네가 당하라 하거늘 유다가 은을 성소에 던져 넣고 물러가서 스스로 목매어 죽은지라
(마 27:3-5).

가룟인 유다, 그의 시작은 예수님의 제자로서였습니다. 그것도 중요한 보직인 재정 담당자였습니다. 제자들 중에서 나름 머리도 있고 경제 관념도 있으며 깨끗했던 사람이었을 겁니다. 그러니 예수님이 장부를 맡기신 것이겠지요. 하지만 그의 화려한 날은 얼마 가지 못합니다. 은 삼십을 받고 예수님을 팔아 버렸기 때문입니다.

성경에는 그가 왜 그런 일을 했는지는 정확하게 나와 있지 않습니다. 하지만 분명한 것은 하지 말아야 할 일을 했고, 그 일로 인해 그는 배신자이자 실패자가 되었습니다.

유다는 자신이 잘못 행동했다는 것을 알게 됩니다. 대제사장들과 장로들을 찾아가서 자신이 잘못 알았다고, 예수는 죄가 없는 사람이라고 호소합니다. 없던 일로 해 달라고 사정하는 겁니다. 하지만 그곳에 있는 누구도 유다의 말을 들어주지 않습니다. 아니 들어줄 수가 없는 것이고 또 들어주어서는 안 되는 겁니다. 이제 유다는 자신의 잘못된 행동을 돌이킬 수 없게 된 것이죠. 절망했을 겁니다.

분명히 자신이 잘못했는데, 그래서 다시 원래대로 돌려놓아야 하는데 그럴 방법이 없는 겁니다. 하지만 유다는 이미 벌어진 일에 모른 체할 수 없습니다. 자신의 잘못에 대해 책임을 져야 한다고 생각했던 것 같습니다. 그리고 유다의 선택은 자신이 받은 은 삼십을 하나님께(성소) 드리고 스스로 목숨을 끊는 것이었습니다.

겉으로 보면 유다는 자신의 잘못을 충분히 후회했고 뉘우치고 책임을 졌습니다. 마태복음 26장에 나오는 베드로와 비교하면 더욱 그렇습니다. 베드로는 자신이 예수님을 배반(부인)한 것을 깨닫고 사람들이 없는 곳으로 가서 운 것 밖에 없는데 유다는 자신의 잘못에 대해 목숨으로 책임을 졌습니다. 그러니 유다가 훨씬 더 정확하게 자신의 행동을 뉘우쳤고 책임을 진 겁니다.

하지만 우리는 누구도 유다가 하나님 앞에 회개했다고 하지 않습니다. 회개는 자신의 잘못을 뉘우치는 행위 그 이상이기 때문입니다. 다시 말해, 회개란 잘못된 행동을 고백하고 죄 용서를 구하는 행위를 너머 자신이 주도적으로 결정하고 선택하는 삶에서 하나님이 자신의 인생의 주인이 되는 삶으로 나아가는 것이기 때문입니다.

그런 측면에서 보면 유다의 일련의 행위들은 자신의 삶을 후회하고 뉘우치는 전형적인 모습이었지만, 아니 어쩌면 자신의 잘못에 대한 충분한 대가를 치뤘다고 할 수 있지만, 회개는 아니었습니다. 죄를 후회하고 뉘우치는 것과 회개는 전혀 다른 차원이기 때문입니다.

만일 가룟인 유다가 하나님 앞에 무릎꿇고 "주여 나를 불쌍히 여겨 주소서"라고 고백했다면 어떤 일이 일어났을까요?

#63
퍼즐
한 조각

> 누가만 나와 함께 있느니라 네가 올 때에 마가를 데리고 오라 그가 나의 일에 유익하니라(딤후 4:11).

"저는 이제 더 이상 농구 못해요. 마흔 둘까지는 괜찮았는데 마흔 셋이 된 어느 날 갑자기 무릎이 망가졌어요. 아무것도 안 했는데 그냥 못쓰게 된 거예요."

유난히 농구를 좋아했던 후배, 젊은 날에는 같이 게임도 했던 후배인데 마흔 셋이 된 어느 날 갑자기 무릎이 망가졌다고 합니다. 그런데 사실 그 후배만 그런 것은 아닙니다. 당연히 저도 그렇지요. 몇 년 전 농구 30분하고 허리가 아파서 6개월 이상 고생했던 경험이 있었습니다. 이제 제가 그래도 이상하지 않을 나이가 된 겁니다. 이제는 정말 조심조심 살아야 하는 것이지요.

그런데 생각해 보면 '갑자기'가 아닙니다. 태어나서 50년 가까이 사용해 온 신체입니다. 젊은 날에는 몰랐지만 그동안 많이 사용한 것이고 서서히 그 기능이 쇠퇴해 간 겁니다. 그러다가 어느 날 사용 연한이 다 된 거고, 그러면 고장이 나는 거지요. 그러니 갑자기 고장이 나는 것이 아니라 그동안 많이 사용해서 그렇게 된 겁니다. 우리가 갑자기라고 느끼는 것은 그동안 우리가 느끼지 못한 것이구요.

조금 이상한 비유 같지만 믿음도 마찬가지라는 생각이 듭니다. 이 경우에는 반대로 좋아지고 성장하는 경우이긴 합니다. 우리는 늘 믿음이 부족하다.

하나님의 말씀대로 살아가지 못한다. 믿음이 성장하지 못한다고 하면서 대부분의 시간을 살아가고 있습니다.

그런데 어느 날 우리도 모르는 사이에, 어떤 특정한 사건에서 이전에는 상상하지 못하는 믿음의 사람으로 반응하는 우리들, 순간적이긴 하지만 믿음의 조상들처럼 말하고 행동하는 우리들을 발견하고 놀랐던 경험이 한 번쯤은 있었을 것입니다. 놀라운 경험이지요. 그런데 사실 따지고 보면 놀라운 경험이 아닙니다. 우리는 느끼지 못했지만 우리가 말씀을 가지고 살아가는 하루하루가 모여져서 그렇게 된 것입니다.

다시 말해 우리의 매일의 실패가 모여서 믿음이라는 이름으로 차곡차곡 쌓인 것이고 그 쌓인 실패들이 양분이 되어 우리가 믿음의 사람으로 세워져 가는 것입니다. 우리가 우리 삶에서 쌓여져 가는 믿음을 느끼지 못했을 뿐입니다.

그러므로 우리에게 오늘 하루가 중요한 겁니다. 우리의 오늘 하루는 마치 믿음이라는 이름의 거대한 퍼즐의 한 조각 같은 겁니다. 처음 퍼즐 조각을 맞춰 갈 때는 어떤 그림을 만들어 가는지 알 수 없습니다. 하지만 계속해서 채워 가다 보면 우리가 어떤 그림을 만들어 가고 있는지 알게 됩니다.

우리의 하루도 마찬가지입니다. 우리가 믿음으로 산다고 하지만 정작 오늘 하루는 우리에게 그렇게 크게 다가오지 않습니다. 수많은 하루를 살아가지만 아무런 의미도 없는 것처럼 보이는 거지요. 하지만 그 하루들이 모여질 때는 다릅니다. 평범한 하루, 어떤 날은 기분 좋게, 어떤 날을 힘겹게, 또 어떤 날은 별 생각 없이 보낸 하루들이었겠지만 그 모든 하루가 차곡차곡 쌓여서 우리는 전혀 다른 우리의 모습, 이전에는 상상하지 못했던 믿음의 사람으로서의 우리 자신을 보게 되는 겁니다. 그러니 오늘 하루도 파이팅입니다.

#64
하나님이 우리와 함께하시는 방법

> 너희 중에 어떤 사람이 양 백 마리가 있는데 그 중의 하나를 잃으면 아흔아홉 마리를 들에 두고 그 잃은 것을 찾아내기까지 찾아다니지 아니하겠느냐 (눅 15:4).

목동들은 절대로 양 앞에 서는 법이 없습니다. 양이 앞에 가고 목동은 뒤를 따라가는 것이죠. 일단 양에게 맡기는 겁니다. 특별히 풀이 많은 지역에서는 양이 마음껏 자기가 원하는 데로 풀을 뜯도록 풀어놓는 겁니다.

이동할 때도 비슷합니다. 목동은 양 앞에 서지 않습니다. 일단 양에게 방향을 정해 주고 양이 가는 길을 걸으며 철저히 양의 속도에 맞춥니다. 절대 목동의 속도에 양을 맞추지 않습니다.

물론 예외는 있습니다. 양이 방향을 잃거나 무리에서 벗어나면 사정이 달라집니다. 목동이 나서는 거지요. 하지만 이때도 양을 억지로 끌고 가지는 않습니다. 잘못된 방향으로 가는 양의 앞을 막아서거나 아니면 양치기 개를 통해서 더 이상 벗어나지 않게 하는 겁니다. 목동은 그렇게 자기 방식이 아닌 양의 방식에 맞춰 양을 인도하는 겁니다.

그러다가 목동이 양을 잃어버리는 일이 생깁니다. 그러면 목동은 필사적으로 양을 찾아 나섭니다. 절대 흥분하거나 서두를 것 같지 않던 목동은 이전과는 전혀 다른 모습으로 변합니다. 잃어버린 양을 위해 최선을 다하는 겁니다. 왜냐하면, 목동은 한 마리 양도 잃거나 포기할 수 없기 때문입니다. 그러기에 목동은 잃어버린 양을 찾아 길을 헤매고 찾을 때까지도 먹지도 쉬지도 않습니다. 그렇게 해서 양을 찾게 되면, 양이 원래 자신의 무리로 돌아가게 되면 그제서야 목동은 마음을 놓고 잠시지만 쉼을 누리게 됩니다.

우리 하나님도 그러지 않으실까요?

우리 하나님은 우리의 일상에서 보이지도 않으시고 말씀하지도 않으십니다. 우리가 하나님은 없다고 말할 정도로 하나님의 존재감은 거의 제로에 가깝습니다.

그런데 하나님이 우리 앞에 서실 때가 있습니다. 우리가 길을 잃거나 우리가 넘어졌을 때, 또 우리가 사나운 맹수의 공격을 받을 때입니다. 그러면 언제 그랬냐는 듯이 하나님은 당신의 존재감을 드러내시며 사나운 맹수의 공격으로부터 우리를 보호해 주시고 지켜 주시는 겁니다. 우리 하나님이 우리와 함께하시는 방법입니다.

#65
무지개,
하나님의 약속

> 내가 내 무지개를 구름 속에 두었나니 이것이 나와 세상 사이의 언약의 증거니라 내가 구름으로 땅을 덮을 때에 무지개가 구름 속에 나타나면 내가 나와 너희와 및 육체를 가진 모든 생물 사이의 내 언약을 기억하리니 다시는 물이 모든 육체를 멸하는 홍수가 되지 아니할지라(창 9:13-15).

어린 시절 무지개는 하나님의 약속의 상징이었고, 매번 무지개를 볼 때마다 하나님을 기억하고 하나님의 약속을 떠올리게 했습니다. 성경에 그렇게 기록되어 있었고 그렇게 배웠기 때문입니다.

하지만 하나님을 기억하게 하는 무지개는 오래가지 못했습니다. 학교를 다니면서부터, 아니 정확히 학교에서 무지개의 생성 원리에 대해 과학이라는 이름으로 배운 이후부터 무지개는 더 이상 하나님의 약속이 아니었습니다. 학교에서 배운 대로 무지개는 빛이 공기 중에 떠 있는 물방울 안에서 굴절과 반사가 일어날 때, 물방울이 프리즘과 같은 작용을 하여 나타나는 자연현상의 하나가 되었습니다. 학교에서 그렇게 배웠고 그 배움을 바탕으로 필요하면 언제든지 만들어 낼 수 있게 된 것이지요. 어떤 감동도, 경외심도 더 이상 무지개를 통해 느낄 수 없게 된 겁니다.

그렇게 오랜 시간 동안 하나님의 약속으로서의 무지개는 기억 속에서 잊혀져 버렸고 오직 과학적 지식으로 설명 가능한 무지개만 남아 있었습니다. 하지만 우리 그리스도인은 다시 신앙의 눈으로 보는 무지개를 회복해야 합니다. 물론 무지개는 과학적으로 설명되는 자연현상입니다.

하지만 우리 믿음의 눈은 과학의 영역 너머 그 무엇을 볼 수 있어야 합니다. 다시 말해, 물방울의 프리즘 현상으로서의 무지개에서 한 발 더 나아가 무지개가 이야기하고 있는 하나님의 약속을 기억해야 하고, 그 기억 속에서 노아가 무지개를 보며 느꼈을 두려움, 경외심, 안도감을 회복해야 합니다. 이를 통해 우리는 오랜 시간 과학이라는 이름으로 가려진 하나님의 신비를 회복해 내야 하는 겁니다.

하나님이 멀리 계신 분이 아닙니다. 단지 그것이 과학이라는 이름으로, 그것이 합리적인 이성이라는 이름으로, 또 그것이 상식이라는 이름으로 우리의 눈을 가리고 있었기 때문에 우리가 하나님을 보지 못하는 것입니다. 하지만 우리가 그 모든 것 너머를 믿음의 눈으로 볼 수 있게 된다면, 우리가 믿음의 눈으로 세상을 조금만 더 깊이 볼 수 있다면, 우리 삶 속에 하나님을 볼 수 있을 것입니다. 그리고 그 열쇠는 바로 하나님의 말씀 한 획 한 획, 한 자, 한 자를 기억하고 그대로 믿는 순간부터입니다.

#66
첫사랑의 회복

> 무리를 보시고 불쌍히 여기시니 이는 그들이 목자 없는 양과 같이 고생하며 기진함이라 이에 제자들에게 이르시되 추수할 것은 많되 일꾼이 적으니 그러므로 추수하는 주인에게 청하여 추수할 일꾼들을 보내 주소서 하라 하시니라
> (마 9:36-38).

예수님을 처음 만났을 때의 감격, 우리는 그 감격의 때를 '첫사랑의 때'라고 기억합니다. 하지만 어느 순간부터 이전에 가지고 있던 뜨거움은 사라져 버렸습니다. 이제는 모든 것이 습관이 되어 버렸습니다. 주일이 되면 교회에 가고, 기도하고, 성경 읽고, 교회의 프로그램 따라 살아가는 삶이 일상이 된 겁니다.

하지만 그 삶에는 기쁨은 없고 책임과 의무만이 잔뜩 남아 있습니다. 그리고 생각합니다.

'뭔가 잘못된 것 같아.'

'뭔가 잃어버린 것 같아.'

'주님과의 첫사랑의 때로 돌아가야 해.'

하지만 이건 방향이 틀렸습니다. 물론 우리가 그리워하는 바로 그때, 주님을 처음 만났을 그 시간이 너무 강렬해서 지금도 우리 안에 남아 있기는 합니다. 하지만 지금은 꽃이 피던 5월의 어느 날이 아닙니다. 우리는 지금 8월 늦여름의 때를 살고 있는 농부와 같습니다. 그러니 당연히 꽃피는 5월, 그 화려함의 때와는 다른 겁니다. 물론 8월 마지막을 살고 있는 농부도

5월, 꽃피는 시절의 기억이 없는 것은 아닙니다. 당연히 그에게도 5월의 시간은 좋았을 겁니다.

하지만 어느 농부도 5월로 돌아가고 싶어 하지 않습니다. 아니 돌아갈 수도 없고, 또 돌아가서도 안 됩니다. 왜냐하면, 그들의 눈앞에는 이제 곧 추수의 때를 기다리고 있는 열매들이 있기 때문이고, 추수의 때 그들이 누리게 될 기쁨이 기다리고 있기 때문입니다.

농부는 무더운 여름을 보내느라 많이 지쳐 있을 겁니다. 쉬고 싶기도 하고, 5월의 추억에 잠겨 잠시 현실에서 벗어나고 싶을지 모릅니다. 하지만 농부에게는 여유가 없습니다. 농부의 앞에는 지난 여름 무더위와 폭풍으로부터 잘 지켜 낸 열매들이 있습니다. 그리고 추수의 때까지는 시간이 조금 남아 있습니다. 그러니 농부는 마음을 다잡고 다시 일터로 나아가야 합니다. 추수의 날 때까지 수고하고 애쓰는 일을 멈추지 말아야 합니다. 마지막 한순간까지 농부는 그 자리를 지켜 내야 비로소 추수의 날을 기쁨으로 맞을 수 있는 겁니다.

우리는 우리도 모르는 사이에 훌쩍 성숙한 그리스도인이 되었습니다. 그런데 문제는 처음의 감격이 사라졌다는 겁니다. 그래서 우리는 이전의 기쁨을 다시 회복하려고 하는 겁니다. 하지만 방향이 잘못되었습니다. 왜냐하면, 지금의 우리는 이전의 우리보다 훨씬 더 많은 시간을 주님과 함께해 왔고 훨씬 더 많이 성숙해져 있기 때문입니다. 이제 우리에게는 예전에 가졌던 감정적인 차원의 신앙이 아닌 현실에서 믿음의 사람으로 삶을 살아 내야 하는 신앙이 필요한 것입니다. 그러니 우리의 신앙 모습도 변화될 수밖에 없는 것이구요.

이전에는 깊은 마음의 터치가 하나님의 은혜 주심이었다면 지금의 우리는 우리 삶으로 맺어지는 열매들이 바로 하나님의 은혜이고, 그 열매를 맺기 위해 어쩌면 종교생활처럼 느껴지는 습관적인 신앙인의 모습으로 살아가야 합니다. 그러므로 지금의 우리에게 필요한 것은 꾸준함이고, 포기하지 않고 견뎌 내고 버터 내는 신앙일 겁니다.

#67
말씀으로 채워 가기

> 복 있는 사람은 악인들의 꾀를 따르지 아니하며 죄인들의 길에 서지 아니하며 오만한 자들의 자리에 앉지 아니하고 오직 여호와의 율법을 즐거워하여 그의 율법을 주야로 묵상하는도다(시 1:1).

설교를 하고 내려온 목사에게 가장 반가운 소리는 자비로운(?) 교인의 피드백입니다.

"목사님, 오늘 설교에 은혜받았어요."

그리고 이것보다 좋은 것은 설교 중 눈물을 훔치는 교인들을 볼 때입니다. 일단 그런 교인들을 본다면 성취감이 벅차오릅니다.

'오늘 설교는 성공했어!'

그런데 생각해 보면 우리가 "은혜받았어"라고 말하는 때는 말씀이 우리의 마음을 움직이고 감정적인 터치가 있고 깊은 내면으로부터 올라오는 울림이 있을 때입니다. 반대로 설교를 아무리 많이 들어도 내면의 깊은 울림이 없을 때는 일종의 경고등 같은 것이 켜집니다. 신앙의 위기라고 인식하는 것이지요. 말씀이 우리 마음에 계속해서 뿌려지고 있는데 마음의 상태가 준비되지 못했기에 말씀이 뿌리내리지 못한다고 생각하는 겁니다. 그리고 즉시 불안해지기 시작하는 겁니다.

하지만 우리가 여기서 생각해 볼 것은 "은혜받았어"라는 평가의 근거입니다. 우리는 설교에서 은혜받았음의 증거로 감정적인 터치를 이야기합니다. 반대로 감정적인 터치가 없을 때는 우리가 너무 완악해졌다거나 메말라 있어서 하나님의 말씀을 제대로 받을 수 없다고 생각합니다.

하지만 감정적인 터치의 유무, 눈물 흘림의 유무가 은혜의 잣대라고 하기에는 하나님의 은혜를 너무 좁은 의미에서 보는 것 같습니다. 중요한 것은 우리 내면의 울림 유무와 관계없이 우리가 하나님의 말씀을 계속해서 듣고 있는가의 문제인데 말이죠.

이제부터 우리의 생각을 바꿔야 합니다. 내면의 울림, 눈물 흘림이 아닌 하나님의 말씀을 듣는 것에 포인트를 두어야 합니다. 하나님의 말씀으로 우리를 채우는 것을 목표로 해야 합니다. 매일 우리의 일상이 하나님의 말씀으로 가득 차도록 하는 것이지요. 성경을 읽고, 쓰고, 또 묵상하는 일을 통해 우리를 말씀으로 채워 가는 겁니다.

물론, 어떤 날은 말씀이 우리 내면에 깊은 울림을 줄 때도 있을 겁니다. 그러면 그런 날은 일종의 보너스 받은 날이 됩니다. 중요한 것은 매일 최소한 하나님의 말씀 한 절을 먹는 것이 더 소중하다는 것, 그리하여 한 방울의 눈물보다 하나님 말씀 한 절이 우선이라는 것입니다.

68
요나의 순종

> 요나가 매우 싫어하고 성내며 여호와께 기도하여 이르되 여호와여 내가 고국에 있을 때에 이러하겠다고 말씀하지 아니하였나이까 그러므로 내가 빨리 다시스로 도망하였사오니 주께서는 은혜로우시며 자비로우시며 노하기를 더디 하시며 인애가 크시사 뜻을 돌이켜 재앙을 내리지 아니하시는 하나님이신 줄을 내가 알았음이니이다 여호와여 원하건대 이제 내 생명을 거두어 가소서 사는 것보다 죽는 것이 내게 나음이니이다 하니 (욘 4: 1-3).

    요나가 하나님과 힘대결을 합니다. 하나님은 "가라"고 하시는데 요나는 "죽어도 못 갑니다"라고 합니다. 그리고 "아, 몰라" 하면서 냅다 도망간 건데 요나는 확실히 보통 사람은 아닙니다. 하지만 하나님은 요나보다 더하면 더했지 덜하지 않으십니다. 도망가는 요나에게서 기어이 항복을 받아내시는 겁니다. 그것도 그냥 받아내시는 것이 아니라 큰 물고기 배 속에 밤낮 삼일을 가두어 꼼짝 못 하게 하시면서 받아 낸 항복입니다. 그렇게 요나는 항복했습니다.
    자, 이제 상황이 정리되었습니다. 요나는 하나님께 항복했고, 하나님은 그런 요나를 친절하게도 니느웨 앞에 가져다 놓으셨습니다. 그리고 다시 니느웨에 들어가서 선포하라고 명령하십니다. 요나는 이제 선택의 여지가 없습니다. 하나님이 하라시는 대로 해야 하는 거지요.
    그렇게 요나는 니느웨에 들어가서 딱 하루 동안만 외쳤습니다.

> 요나가 그 성읍에 들어가서 하루 동안 다니며 외쳐 이르되 사십일이 지나면 니느웨가 무너지리라(욘 3:4).

그런데 놀라운 일이 일어납니다. 니느웨 사람들이 요나의 외침을 듣고 위로는 왕으로부터 아래로는 백성들까지 모두 회개의 자리로 나아온 겁니다. 요나의 외침이 니느웨에 먹힌 겁니다.

그런데 여기서 기억해야 할 것은 요나는 결코 하나님의 명령에 순종하지 않았다는 겁니다. 요나는 포기한 겁니다. 요나는 자신의 뜻을 내려놓았습니다. 그렇다고 하나님의 말씀에 기꺼이 순종하지도 않았습니다. 그냥 하나님이 말씀하시는 대로 기계적으로 행동한 것뿐입니다.

하나님이 말씀하신 만큼만 했고, 그 일을 마친 후 뒤로 물러서서 어디 한번 어떻게 되나 보자고 벼르고 있었던 겁니다. 여기에는 어떤 기대도, 하나님이 이루실 일에 대한 어떤 소망도 없습니다.

방관자의 마음만 있을 뿐입니다.

"시키는 대로 다 했으니 하나님이 알아서 하세요."

이것은 순종이 아닙니다. 순종이란 우리가 만든 계획을 내려놓고 새로운 계획, 하나님의 뜻에 우리를 맞추는 일입니다. 우리의 소망을 하나님의 소망으로 교체하는 일인 것이지요. 즉, 우리의 시간에 하나님의 시간이 시작되고 그 하나님의 시간에 하나님이 이루실 일을 기대함으로 참여하는 행위를 말합니다.

우리가 순종한다고 한다면 뒤로 물러서서 "아 몰라요. 알아서 하세요", "그래, 어디 한번 잘 되나 봅시다"라는 방관자의 자세가 아니라, 우리가 서 있는 그 자리를 지키며 하나님이 우리를 통해 일하실 것을 믿음으로 기대하며 기다려야 합니다.

#69
미세한 소리

> 여호와께서 이르시되 너는 나가서 여호와 앞에서 산에 서라 하시더니 여호와께서 지나가시는데 여호와 앞에 크고 강한 바람이 산을 가르고 바위를 부수나 바람 가운데에 여호와께서 계시지 아니하며 바람 후에 지진이 있으나 지진 가운데에도 여호와께서 계시지 아니하며 또 지진 후에 불이 있으나 불 가운데에도 여호와께서 계시지 아니하더니 불 후에 세미한 소리가 있는지라(왕상 19:11-12).

신앙생활과 바쁨은 상극입니다. 하나님은 우리에게 끊임없이 말씀하시지만 우리가 너무 바쁘기에 하나님의 음성을 듣지 못하는 겁니다. 하나님의 음성을 들을 시간적 여유가 없는 거지요. 하지만 이렇게 항변하는 사람들이 있을지 모릅니다.

"나는 하나도 안 바빠요. 그런데 하나님의 음성을 들리지 않아요."

하지만 그들 역시 바쁩니다. 몸은 바쁘지 않을 수 있지만 머리는 여전히 분주하고 바쁜 가운데 있기 때문입니다.

핸드폰, 고급진(?) 무선 이어폰, 무제한 데이터…

저의 걷기 준비입니다. 그냥 걸으면 재미없고 지루하니까, 한두 시간 걷는 시간이 아까우니 음악을 듣고 유튜브를 들으며, 어떤 때는 필요한 강의를 들으며 걷기 위해서입니다.

그런데 일주일 전부터는 이런 일상이 불가능해졌습니다. 핸드폰 배터리 효율 50프로 미만, 그때부터 아예 이어폰을 집에 두고 다니게 되었습니다. 즐거움이 사라진 지루하고 재미없는 걷기를 해야 하는 시간이 된 겁니다.

그런데 어쩔 수 없이 아무것도 듣지 않고 걷게 되자 생각보다 지루하지 않다는 것을 알게 되었습니다. 새로운 재미가 있었습니다. 어떨 땐 멍해지고, 또 어떨 땐 쓸데없는 상상, 또 어떨 땐 옛날 생각, 그렇게 머릿속은 생각의 놀이터가 되어 버립니다.

그리고 이런 생각들이 지나간 자리에, 마음 깊은 곳에서 작지만, 새로운 소리가 들려옵니다. 하나님의 말씀입니다. 그리고 말씀과 연결된 생각, 아이디어, 깨달음이 꼬리에 꼬리를 물고 올라오는데 그냥 흘려보내면 영원히 사라질 것 같아 몇 번이나 걸음을 멈추고 기록합니다.

어제 핸드폰의 배터리 문제를 해결했습니다. 이제 다시 음악을 듣고, 유튜브를 들으며 걸을 수 있는 준비가 되었습니다. 그런데 한동안은 그러지 않을 생각입니다. 외부의 소리가 아닌 내면의 소리를 계속 듣고 싶어졌기 때문입니다.

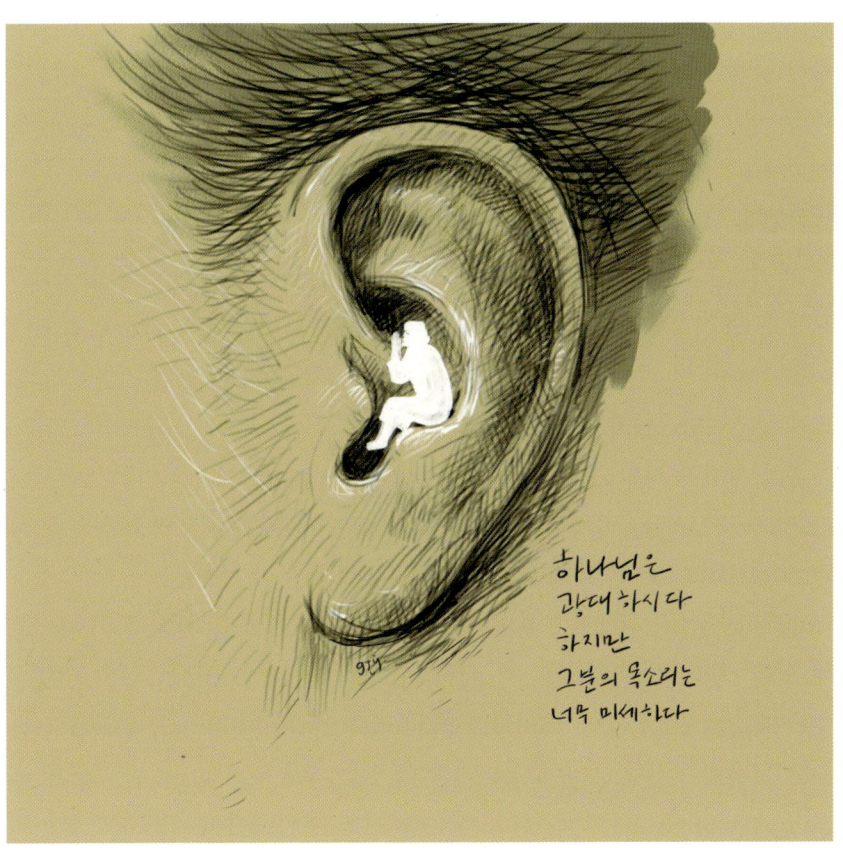

#70
탐심,
매일의 숙제

> 그러므로 땅에 있는 지체를 죽이라 곧 음란과 부정과 사욕과 악한 정욕과 탐심이니 탐심은 우상 숭배니라(골 3:5).

스타벅스 머그컵이 언제부터인가 제 눈에 들어왔습니다. 집에는 당연히 컵이 잔뜩 있었지만 한번 눈에 들어오기 시작한 컵은 쉽게 잊혀지지 않았습니다. 일단 그렇게 넘어갔지만 근처에 갈 때마다 굳이 찾아가 좋아하는 브랜드의 마음에 드는 컵을 눈으로 보고 손으로 만져보곤 합니다.

그렇게 한번 마음에 들어온 컵은 점점 더 탐이 나기 시작합니다. 집에 컵이 많이 있지만 쓸 만한 컵이 없고, 그래서 컵이 필요하다는 나름 합리적인 이유가 생깁니다. 이제 남은 것은 합리적인(?) 소비입니다. 마음에 소원이 이루어지는 순간이었고, 잠시지만 세상 모든 것을 가진 듯한 기쁨을 알게 되는 순간이었습니다.

아마 아담과 하와도 그러지 않았나 싶습니다. 매일 보는 선악과, 아무 생각 없이 지날 때는 아무것도 아니었지만 한 번 눈에 들어오기 시작하자 이전과 같지 않았을 겁니다.

더구나 사탄이 선악과의 특별함을 이야기 해 주자 이내 보는 눈이 달라진 겁니다. 이제 발걸음이 달라집니다. 예전에는 그냥 지나치던 것이 이제는 굳이 돌아가서라도 보고 지나가야 하는 것이 되어 버렸습니다. 멀리서 보다가 가까이에서 보게 되었고, 한 걸음 더 다가가 손으로 만져 보고 향을 맡아 보게 되었습니다.

보면 볼수록 탐이 나는, "먹음직도 하고 보암직도 하고 지혜롭게도 할 만큼"의 존재가 된 겁니다. 그러는 사이 마음속의 탐심은 어쩌지 못하는 수준으로 자라났고, 눈과 귀를 가리고 생각을 멈추게 했습니다. 이제는 눈에는 다른 것은 보이지 않고 오직 선악과만이 보이게 된 겁니다. 그 다음은 우리가 알고 있는 그대로입니다.

처음에는 좋았습니다. 새로운 컵을 들고 와서 마시는 커피는 특별했습니다. 역시 커피는 좋은 컵으로 마셔야 한다는 생각을 했습니다. 근래에 들어 최고의 선택이었던 같았습니다.

그런데 정확히 3일 후, 마음이 이상합니다. 더 이상 들고 있는 컵에서 특별함이 느껴지지 않습니다. 조금 사용해 보니 컵이 생각보다 무거워서 불편합니다. 제가 왜 그렇게 집착했고 열심이었는지 이해가 되지 않는 겁니다. 컵에 대한 간절함, 설렘, 탐이 났던 마음이 막상 컵을 소유하게 되자 어디론가 사라져 버린 것이고, 그 자리에 허탈한 마음만 남은 겁니다. 그리고 집에는 컵 하나가 추가되었을 뿐입니다. 결국 이번에도 탐심에 당한 것이고 남은 것은 후회라는 씁쓸한 감정뿐, 아담과 하와가 무화과 나무 잎으로 자신의 몸을 가린 것이 이해되는 순간입니다.

그런데 며칠 후 다시 눈이 가는 물건이 생겼습니다. 이번에는 '당근 마켓'입니다. 탐나는 물건이 생긴 건데, 제가 좋아하는 브랜드의 백팩이 집에 두 개나 있으면서도 마음이 가니 자꾸 찾아보게 됩니다. 계속해서 마음이 가고 핸드폰을 들게 되고, 확인을 하게 됩니다. 마음에 탐심이 생겼고 다시 서서히 자라고 있는 겁니다. 그런데 이번에는 이기고 싶습니다.

원래 유혹에 약한 스타일이지만 그래도 이번에는 마음속에 자리 잡으려는 탐심으로부터 제 마음을 지키고 싶습니다. 이번에는 반드시 그렇게 되도록 할 겁니다.

그런데 어떻게 해야 앞으로도 탐심으로부터 저를 지켜 낼 수 있을까요?

결론은 말씀으로 계속 싸워야 한다는 건데, 이게 쉽지 않다는 게 문제입니다.

#71
오늘은 어떤 일이

> 사마리아에 있는 수가라 하는 동네에 이르시니 야곱이 그 아들 요셉에게 준 땅이 가깝고 거기 또 야곱의 우물이 있더라 예수께서 길 가시다가 피곤하여 우물 곁에 그대로 앉으시니 때가 여섯 시쯤 되었더라 사마리아 여자 한 사람이 물을 길으러 왔으매 예수께서 물을 좀 달라 하시니(요 4:5-7).

 우리는 매일의 날들을 거의 같은 활동 반경 안에서, 같은 사람들을 만나며 살아갑니다. 그런데 그 삶을 자세히 들여다보면 하루도 같은 날이 없습니다. 일단 마음부터 다릅니다.
 어떤 날은 아무 이유 없이 행복하고 즐겁고, 또 어떤 날은 역시 아무 이유 없이 우울하고 힘든 날들이 됩니다. 또 어떤 날은 의도하지 않은 실수들로 얼룩지는 날이 있는가 하면 또 어떤 날은 우리 자신의 위대함(?)을 경험하는 날도 있습니다. 그렇게 우리는 매일을 살아가지만 그 매일의 날들 속에서 매일의 다름을 경험하고 있습니다.
 자주 가던 대형마트에 들렸습니다. 비누가 필요해서 들른 길, 그런데 뜻하지 않은 행운이 숨어 있었습니다. 화장지 3000원 할인, 평소 조금은 고가의 화장지여서 망설이기만 했었는데 뜻하지 않게, 그것도 3000원이나 할인. 이런 기회는 놓칠 수 없습니다. 하나 그리고 둘, 마음속에서는 '하나 더'라는 큰 외침이 계속해서 들려오고 있었지만, 욕심은 금물이기에 마음의 소리를 애써 외면합니다. 어쨌든 오늘 3000원 할인 두 개, 총 6000원을 절약한 날, 작지만 아주 만족스러운 날입니다.

화장지 3000원 할인, 저에게는 소박한 행운입니다. 일단 전혀 기대하지 않았습니다. 평상시 대형마트에 들르는 날이면 습관처럼 가격을 확인하곤 했지만 대부분은 헛걸음, 1년에 겨우 한두 번 하는 할인이니 당연한 것이지만 그래도 어쩔수 없이 아쉬움의 발길을 돌리기 일쑤였습니다.

하지만 오늘은?

전혀 기대하지도, 또 의도하지도 않았습니다. 우연히 그 앞을 지나갈 기회가 되었고, 고개를 돌렸을 때 눈에 들어온 '할인', 그것도 3000원이나 할인하는 특별한(?) 행운을 발견한 겁니다. 운이 좋은 날입니다. 물론 지출이 늘어나는 것을 기꺼이 감수해야 한다는 점은 어쩔 수 없는 거지만, 그래도 좋은 날입니다.

그렇습니다. 우리는 매일 일상을 살아갑니다. 매일 살아가는 삶에는 특별함이 없고, 그러기에 우리는 그 삶을 살아가며 기대함이라는 단어를 잊어버리고 살아갑니다. 하지만 삶이란 평범한 일상 속에서 어느 날 갑자기 특별함이 숨어 있음을 발견하기도 한다는 겁니다. 그러니 특별한 것이겠지요.

하지만 여기에는 한 가지 우리에게 필요한 것이 있습니다. 최소한 고개는 돌려야 한다는 것, 최소한 기대함만은 소중하게 간직하고 있어야 한다는 것, 매일의 삶에 작지만 소중한 기대함을 가지고 살아간다면, 우리의 삶이 특별한 순간이 될 때, 하나님이 준비한 특별함의 시간이 될 때, 우리는 그 기회를 절대 놓치지 않을 것이라는 겁니다. 그러니 오늘도 특별함에 대한 기대함을 가지고 살아가는 겁니다.

화장지 3000원 할인이 삶의 특별함이라는 단어를 떠오르게 하는 하루가 되었습니다.

너의 하루가 특별하지 않는 이유는
너의 눈이 나를 보고 있지 않아서야

#72
복음 사용법

> 그가 베드로와 요한이 성전에 들어가려 함을 보고 구걸하거늘 베드로가 요한과 더불어 주목하여 이르되 우리를 보라 하니 그가 그들에게서 무엇을 얻을까 하여 바라보거늘(행 3:3-5).

미국 생활을 하던 때입니다. 당시 저희가 살고 있던 지역 대형마트에서는 커피 원두를 바로 볶아서 커피를 내려주곤 했습니다. 무료였습니다. 갓 볶은 커피 원두에서 내려지는 신선한 커피, 아마 최고의 호사일 겁니다.

그런데 당시 저는 커피를 마실 줄 몰랐습니다. 제가 알고 있는 커피는 '커피 둘, 프림 둘, 설탕 셋'의 환상(?)적인 조합의 다방 커피였습니다. 그러니 저는 갓 볶은 커피 원두로 내린 커피를 받아서 옆에 있는 설탕과 프림으로 저만의 환상적인 조합의 다방 커피를 만들어 마셨습니다. "최고의 커피는 다방 커피다"라는 자긍심을 북돋으며 말이죠.

그런데 지금의 저, 갓 볶은 원두로 내린 커피의 신선함의 의미를 아는 저로서는 상상도 할 수 없는 일입니다.

'어떻게 커피에 그런 만행을?'

하지만 당시 저는 그 의미를 알지 못했습니다. 커피의 문외한이었던 저에게는 신선한 커피는 고려사항이 아니었던 겁니다. 중요한 것은 얼마나 달콤한가였습니다. 쓴 커피를 달게 마시는 것이 저의 지상과제였으니 당연한 일입니다.

그런데 만일 지금 제 옆의 누군가 그런 일을 하고 있다면?

어림없는 일입니다. 커피에 대한 만행을 옆에서 지켜보는 정도의 선함은 저에게 남아 있지 않으니까요.

돼지 목에 진주목걸이입니다. 귀한 진주목걸이를 걸어 줘도 그 의미를 모르면 아무것도 아니라는 말인데, 갓 볶아서 내린 커피에 프림 듬뿍, 설탕 듬뿍 하던 저로서는 아무리 좋은 커피가 있어도 별로 의미가 없는 일이었습니다. 커피라고 마시기는 하지만 최고의 커피를 최악의 커피로 만들어 마시는 어리석음이 세상에서 가장 훌륭한 마술이고, 가장 숭고한 일이라고 당당하게 외치고 다녔으니까요.

복음도 마찬가지입니다. 우리는 이미 복음을 소유한 자들입니다. 그런데 많은 경우 우리는 최고의 복음을 최악의 복음으로 만들어 살아가고 있습니다. 복음을 들고 있는 이유가 기껏해야 죽은 후에 천국 가는 일이니 당연한 결과입니다.

하지만 하나님이 우리에게 주신 복음, 기쁜 소식은 우리가 "죽은 후에 천국 갈 수 있다"가 전부가 아닙니다. 오히려 가장 작은 부분만을 붙들고 있는 겁니다. 천국을 가는 일은 당연한 일이지만 그것이 복음의 처음과 끝이 아니라는 말입니다. 복음의 진리를 제대로 누리기 위해서는 지금 살아가는 우리 삶의 자리를 매일 복음으로 채워 가야 합니다. 그리하여 매일의 삶 속에서 하나님 나라가 세워지는 것, 그리하여 우리의 하루가 하나님 나라의 하루가 되게 하는 것입니다.

오늘 하루가 천국 가기 위해 견디고 견뎌야 하는 날이 아닌 하나님이 허락하신 하나님 나라의 하루로 살아가는 것, 우리가 복음을 제대로 사용하는 방법입니다.

#73
회개의 마지막 자리

> 맹인 두 사람이 길 가에 앉았다가 예수께서 지나가신다 함을 듣고 소리 질러 이르되 주여 우리를 불쌍히 여기소서 다윗의 자손이여 하니 무리가 꾸짖어 잠잠하라 하되 더욱 소리 질러 이르되 주여 우리를 불쌍히 여기소서 다윗의 자손이여 하는지라(마 20:30-31).

회개의 기도?

회개 이전에 어떤 행동이 있습니다. 당연히 성경에서 금하고 있는 행동입니다. 의도적이든 그렇지 않던 잘못된 행동을 하는 겁니다. 그러면 우리는 후회를 하고 또 괴로워합니다. 하나님이 분노하실지 모른다는 두려움이 올라옵니다. 그러면 우리는 마음에 후회되거나 두려움을 주는 행위를 가지고 기도의 자리로 나아갑니다. 그리고 아주 솔직하고 간절한 마음으로 하나님께 우리의 잘못된 행동을 고백하고, 죄 앞에서 무너진 우리에 대해 하나님의 용서를 구하게 됩니다. 그리고 하나님의 용서를 경험합니다.

하지만 우리는 다음날 전날과 같은 기도의 자리에 나아갈 수밖에 없습니다. 자신의 행동에 대한 죄스러움, 하나님의 분노와 심판에 대한 두려움과 부끄러움을 가지고 다시 하나님을 찾아 전날보다 더 간절하게 죄에 대한 용서를 구하는 겁니다. 그리고 다시 하나님의 용서하심을 경험하고 그 하나님을 찬양하며 다시 우리의 일상으로 돌아오게 됩니다. 내일은 절대 오늘과 같지 않을 것이라는 다짐을 하면서 말입니다. 하지만 우리는 다음날이면 어김없이 그 자리에 있게 될 것입니다.

우리의 회개기도의 모습입니다. 무한반복의 회개기도이지요. 그런데 우리의 회개기도를 다시 들여다보면 회개라기보다는 단지 우리의 행위와 그에 대한 평가를 하나님 앞에 보고하는 행위에 불과합니다. 하루 중 잘못된 부분에 대해 보고서를 작성하여 하나님께 제출하는 거지요. 그러면서 우리는 '보고서를 제출했으니 이제 우리의 책임을 다했어' 하고 만족합니다.

그런데 이건 회개가 아닙니다. 왜냐하면, 회개란 단순히 행위에 대한 보고가 아닌 우리가 우리 인생의 주인으로 살아가는 삶을 포기하고 하나님이 우리 인생의 주인이 되는 삶으로 나아가는 것이기 때문입니다. 다시 말해, 우리가 우리 인생의 주인이 되어 주도적으로 살아가는 삶, 아담의 삶에서 하나님이 우리 삶의 주인이 되시는 삶, 예수 그리스도의 삶으로 나아가는 것이 회개이기 때문입니다.

그러면 우리가 온전한 회개의 자리, 하나님이 주인이 되시는 삶의 자리에 서 있다면, 우리에게 어떤 변화가 있을까요?

기도가 바뀔 겁니다.

우리가 주인인 삶에서의 회개는 이렇습니다.

"하나님, 제가 오늘 이렇게 이렇게 잘못된 삶을 살았습니다. 그러니 저를 용서해 주십시오."

그런데 이 기도 속에서 주어는 '나'입니다. 이 기도는 이런 뜻입니다.

"하나님, 내가 이렇게 잘못했으니 용서해 주십시오. 저의 오늘 죄를 용서해 주시면 내일은 다시 한번 잘 살아 보겠습니다. 아니 분명 저는 잘 살 수 있습니다. 약속할 수 있어요. 맹세합니다."

하지만 우리 삶의 주인이 내가 아닌 하나님이 된다면 우리의 기도가 이렇게 바뀔 것입니다.

"하나님, 저의 연약함을 불쌍히 여겨주십시오. 하나님 말씀대로 살고 싶지만 저에게는 그럴 힘이 없습니다. 하나님의 도우심이 없으면 안 됩니다. 하나님, 저를 불쌍히 여겨 주십시오."

진정한 회개의 자리입니다.

#74
소풍 가기
전날 같은

> 모든 일에 감사하십시오. 이것이 그리스도 예수 안에서 여러분에게 바라시는 하나님의 뜻입니다(살전 5:18, 새번역).

드라마 〈갯마을 차차차〉가 재미있다는 소문에 2배속으로 시청했습니다. 딱 제가 좋아하는 류의 드라마입니다. 따뜻하고 느릿느릿 흘러가는 일상이 있고, 악역이나 감정 소모가 요구되는 극한 갈등이 없는, 그래서 어떻게 보면 지루한 드라마가 될 수도 있는, 그래서 더욱 소소한 일상을 그려내는 그런 드라마였습니다. 정말 오랜만에 재미있는 드라마를 봤습니다. 그리고 그 중에서 가장 큰 은혜(?)가 되었던 장면이 있습니다.

"근데 성님들은 그럴 때 없으셔?
몸은 늙어가는데 마음은 안 그래서 서글플 때."
"그럴 때가 개락이다 야. 말도 느려지고 생각도 더뎌지고 자꾸 엇박자가 나. 세월이 야속해."
"형님, 형님은 그럴 적 없수?"
"내라고 그럴 적이 없겠어? 근데 나는 지금이 참 좋다."
"나이 먹는 게 좋긴 뭐가 좋아요."
"나이 먹은 만치 맛있는 것도 많이 먹어 봤고, 좋은 풍경도 많이 봤고, 사람들도 얻었잖니, 그것보다 더 행복한 것이 뭐 있겠노."
"성님은 행복해?"

"어. 행복하재. 텔레비전에도 나가 봤고 우리 동네 노래자랑에서 노래도 해 봤고, 또 너들과 이래 지껄이고 있으니 얼매나 재미지나. 그뿐이나. 오늘 노을이 참 고왔어. 저녁에 먹은 오징어 맛도 마수왔고 … 잘 둘러보라니. 마카 귀한 것 투성이라. 나는 매일이 소풍 가기 전날인 것 같다니."
"허허허, 성님 우리 내일은 뭐하고 놀까?"
"에이, 그런 거는 막내가 생각하는 기야."
"꼭 뭐 시킬 때만 막내래."

(할머니들의 대화. 드라마 〈갯마을 차차차〉 15회에서)

평범한 대화 같지만 다시 생각해 보면 인생의 고수들만이 할 수 있는 대화입니다. 지나온 시간에 대한 감사, 자신이 살아온 삶에서 자신이 누린 것에 대한 감사함을 이야기하고 있는 겁니다.

물론 다 좋지는 않았을 겁니다. 우리들의 부모님들이 살아오신 삶은 누구보다 우리들이 더 잘 알고 있으니까 우리는 알 수 있습니다. 절대 평안하고 좋기만 한 세월은 분명 아니었을 겁니다. 하지만 시간이 지난 후 뒤돌아볼 때는 이미 그 삶의 고단함을 다 소화하고 그 삶이 주는 의미를 찾았기에 비록 힘들고 어려운 시간이었지만 감사로 만들어 낼 수 있는 내공이 생긴 것입니다.

그리고 그렇게 자신의 삶을 감사로 해석할 수 있는 그 자리에 서게 되면 모든 것이 감사가 되는 것이겠지요. 그리고 그런 이들만이 다가오는 내일에 숨어 있는 감사함을 볼 수 있기에, 감사함이 있을 것을 알기에 그 내일을 기대함으로, 드라마 속에서의 표현대로 하면 "소풍 가기 전날" 같은 설레임으로 기다릴 수 있는 것일 겁니다.

그리고 그 드라마 속에서 할머니의 대사를 우리식(?)으로 해석한다면 이럴 겁니다.

"지나 온 시간, 힘들고 어렵고 포기하고 싶었던 순간들, 하지만 우리 주님이 우리와 함께해 주셨기에 모든 것이 감사함이 되었습니다. 하나님이 우리와 함께하시지 않았다면 지금의 우리는 있지 못했을 것입니다. 그러니 우리의 지나온 모든 날들이 우리에게는 은혜고 감사함입니다.

그리고 우리가 살아가는 지금 역시 하나님의 함께하심 속에 있고, 또 다가올 내일 역시 하나님이 우리를 위해 예비하신 많은 일이 기다리고 있다는 것을 아는 겁니다. 그러므로 우리는 어제를 뒤돌아보며 하나님께 감사하고, 오늘의 함께하심에 기뻐하며, 내일의 예비하심을 기대함으로 기다릴 수 있는 겁니다. 이것이 하나님이 우리들의 삶에 주신 은혜, 우리가 감사해야 하는 이유입니다."

#75
우리를 제대로 봅시다

> 우리가 다 하나님의 아들을 믿는 것과 아는 일에 하나가 되어 온전한 사람을 이루어 그리스도의 장성한 분량이 충만한데까지 이르리니 이는 우리가 이제부터 어린아이가 되지 아니하여 사람의 궤술과 간사한 유혹에 빠져 모든 교훈의 풍조에 밀려 요동치 않게 하려 함이라 오직 사랑 안에서 참된 것을 하여 범사에 그에게까지 자랄찌라(엡 4:13-15).

10여 년 전, 한 청년을 만났습니다. 당시 이십 대 중반, 185센티미터가 넘는 건장한 청년이었습니다. 그런데 그 청년에게는 큰 약점이 있었습니다. 길을 가다가 중학생 서너 명이 모여 있는 것을 보거나 마주치면 갑자기 두려움에 휩싸여 통제가 안 된다고 합니다. 자신도 왜 그러는지 모르지만 아무튼 중학교 교복을 입은 학생들을 보면 자동적으로 피하거나 도망치게 된다는 겁니다.

저로서는 이해가 안 되는 일이었습니다. 자신의 키에 거의 반밖에 안 되는 중학생 몇 명, 오히려 중학생들이 청년에게 겁을 먹어야 하는데 자신이 겁을 먹고 도망하고 피하고 있었던 겁니다.

청년에게는 사연이 있었습니다. 중학교 시절 친구들에게 3년 내내 왕따와 괴롭힘을 당했던 겁니다. 그리고 그 시절의 고통, 아픔이 그대로 남아 트라우마가 되었고 이십 대 중반의 청년이 된 지금도 여전히 고통받고 있었던 겁니다. 신체적으로는 건장한 청년이 되었지만 스스로는 아직 자신이 건장한 청년이 되었다는 것을 인식하지 못했던 겁니다.

그는 여전히 누군가의 괴롭힘에 아무런 저항도 할 수 없었던 중학교 시절의 작고 힘 없는 존재였던 겁니다. 덩치가 산만해졌지만 자신이 얼마나 컸는지, 그래서 이제는 자신이 스스로를 충분히 보호할 수 있는 존재가 되었다는 것을 알아차리지 못했고 여전히 중학교 시절의 작고 초라한 모습으로 살아가고 있었던 겁니다. 그러니 이십대 중반의 건장한 청년이 교복입은 중학생들을 겁내고 피해 다녀야 했던 겁니다(저는 청년에게 전신 거울을 사서 매일 자신을 비춰 보라는 조언을 했습니다).

청년의 모습을 보면서 우리도 그리스도인으로서 비슷한 삶을 살고 있다는 생각을 했습니다. 우리는 분명 그리스도의 십자가 피로서 죄 사함을 받았고, 부활하심으로 하나님의 자녀로서의 삶을 시작했습니다. 이것은 진리입니다. 그런데 우리는 우리가 하나님의 자녀라고 하면서 여전히 죄인이라고 믿으며 살아가고 있습니다.

물론 우리는 여전히 하나님 앞에서 죄를 짓고 있고, 죄인으로 살아가고 있습니다. 하지만 우리가 비록 죄의 문제에서 완전히 벗어나지는 못한 것처럼 보이지만 그것이 우리가 죄인이라는 증거는 아닙니다.

분명한 것은 우리는 더 이상 죄인이 아니라는 겁니다. 우리는 죄의 문제에서 해방되었습니다. 하지만 이십 대의 건장한 청년이 되었지만 여전히 중학생들을 보면 겁먹고 피하고 있는 청년처럼 우리 역시 여전히 우리가 아직 죄인으로 느껴지고 보일 수 있고, 여전히 죄의 문제로 힘들어 하며 살아가고 있을지도 모릅니다.

하지만 그렇다고 우리가 아직도 죄인인 것은 아닙니다. 우리는 이제 우리를 제대로 보아야 합니다. 청년이 전신 거울을 통해 자신을 제대로 보아야 하는 것처럼 우리 역시 예수 그리스도의 십자가와 부활의 사건을 통해 우리가 하나님의 자녀가 되었음을 제대로 볼 수 있어야 합니다.

#76
은혜 찾기

나에게 이르시기를 내 은혜가 네게 족하도다 이는 내 능력이 약한 데서 온전하여짐이라 하신지라 그러므로 도리어 크게 기뻐함으로 나의 여러 약한 것들에 대하여 자랑하리니 이는 그리스도의 능력이 내게 머물게 하려 함이라 (고후 12:9).

초등학교 시절, 봄 가을로 소풍을 가곤 했는데 소풍에서 빠지지 않는 이벤트가 '보물 찾기'였습니다. 그런데 저는 한 번도 보물을 찾은 적이 없습니다. 급한 성격에 허둥지둥해서 그랬는지는 모르겠지만 초등학교 6년 동안 봄, 가을, 보물을 찾을 수 있는 기회가 최소한 열두 번 있었지만 보물을 한 번도 찾지 못했습니다.

보물을 찾지 못한 저의 결론은 언제나 "보물은 없다"였습니다. 물론 틀린 말이 아닙니다. 아무리 주위에 보물이 많이 숨겨져 있어도 보물을 찾지 못한다면 보물은 없는 것이고, 보물이 없다면 결과는 빈손인 것입니다.

하지만 보물은 어디에나 있었습니다. 더구나 친절한(?) 선생님들은 아이들이 보물을 찾을 수 있도록 아이들 숫자보다 많은 보물을 준비하셨고 아이들이 찾기 쉬운 곳에 보물을 숨겨 두시는 수고를 통해 보다 많은 아이가 보물을 찾을 수 있는 배려를 해 놓으셨습니다. 그래서 대부분의 아이들은 보물 찾기 이벤트에서 하나 이상의 보물을 찾곤 했었습니다.

하지만 그건 어디까지나 남의 일, 내 친구의 일이었습니다. 정작 보물을 찾지 못한 저에게는 보물은 한없이 부족하거나 보물 자체가 없어서 아무 소득도 얻을 수 없는 그런 이벤트, 그러므로 보물 찾기 속에서 저란 존재는 언제나 빈손인, 아무것도 갖지 못한 초라한 존재가 되는 거였습니다.

그런데 이 보물 찾기 이벤트를 우리가 지금 서 있는 세상, 우리가 살아가는 삶 속에 적용해 본다면 풍성한 보물 찾기 속에서 빈손으로 서 있는 초라한 그리스도인들의 모습을 어렵지 않게 볼 수 있습니다. 분명 친절하신(?) 하나님은 우리 삶 속에 우리가 쉽게 찾아 누릴 수 있는 풍성한 은혜들을 허락하셨지만 우리가 찾지 못하고 있는 겁니다.

아니 어쩌면 이미 그 은혜를 누리며 살아가지만 정작 자신에게 허락된 은혜가 무엇인지를 모르고 살아가는 우리들이라는 거지요. 주위를 돌아보기만 하면, 조금만 찾아보면 얼마든지 알아차릴 수 있는 은혜, 하지만 보지 못하고, 아니 보려고 하지도 않는 우리로 인해 없는 것이 되어 버린 은혜들입니다.

이제 다시 보물 찾기를 시작했으면 합니다. 우리가 살아가는 삶, 하나님이 우리에게 허락하신 우리의 삶 속에 그분이 허락하신 수없이 많은 은혜의 보물들이 숨겨져 있습니다. 그렇다고 깊게 숨겨진 것도 아닙니다. 조금만 찾아보면, 우리의 바쁜 일상에서 잠시 멈춰 눈만 돌리기만 하면 얼마든지 알 수 있는 하나님으로부터 온 선물들이 있습니다. 우리가 찾아 누리도록 준비된 것들입니다.

그러니 이제 보물 찾기, 아니 은혜 찾기를 시작하는 겁니다. 하나님이 우리 삶에 허락하신 은혜, 우리가 누리고 있는 것들, 그리고 우리가 앞으로 누려 가게 될 것들, 하나님이 우리 인생에 허락하신 은혜들을 모조리 찾아 내어 온전히 누릴 때까지 최선을 다해 찾는 겁니다. 이것이 바로 하나님으로부터 온 숙제입니다.

#77
오늘 하루가 평안했으면

> 욥이 그의 친구들을 위하여 기도할 때 여호와께서 욥의 곤경을 돌이키시고 여호와께서 욥에게 이전 모든 소유보다 갑절이나 주신지라(욥 42:10).

욥기 42장, 욥의 마지막 생이 기록되어 있는데, 욥이 하나님으로부터 갑절의 축복을 받아 마지막 생을 평안하게 마무리하는 모습이 그려져 있습니다. 욥이라는 위대한 믿음의 사람은 하나님이 주신 고난 속에서 자신을 잘 지키며 기꺼이 그 고난을 감당했습니다.

하나님을 원망하는 대신 자신을 돌아보고 하나님과의 의리(?)를 끝까지 지켜 냄으로써 고난의 시간을 자신을 연단하는 시간으로 바꾸었고 연단의 시간이 지나간 후에 하나님 앞에 설 수 있었습니다. 그리고 그런 욥에 대해 하나님은 기꺼이 축복하셨는데 이전보다 갑절이나 되는 축복이었습니다. 그렇게 욥의 이야기는 해피엔딩이 되었습니다.

'갑절', 즉 '두 배'라는 말은 아주 매력적인 단어입니다. 특별히 지금 고난의 자리를 통과하는 사람들에게는, 지금의 고난의 시간을 잘 견디면 하나님으로부터 오는 갑절의 축복이 있을 것이라는 믿음, 확신은 고난의 한 가운데 서 있는 사람들에게 큰 힘이 될 것입니다. 또한, 평범한 우리들에게는 기꺼이 고난의 자리로 걸어 들어갈 용기를 주는 약속이기도 할 겁니다.

하지만 저는 욥기 42장에서 욥이 받은 갑절의 축복처럼 큰 복을 원하지 않습니다. 제가 특별히 금욕적인 사람이어서가 아닙니다. 저도 갑절까지는 못 되더라도 일단 복이라면 받고 싶습니다.

하지만 제가 누리게 될 복이 욥의 정도까지는 아니어도 어쨌든 고난을 통과하고 난 후에 누릴 수 있는 것이라면 저는 그 복을 정중하게 사양하고 싶은 겁니다. 왜냐하면, 저의 삶이 고난의 순간, 고난의 시간을 견뎌 내는 삶이 아닌 평범한 삶이었으면 하기 때문입니다.

물론, 우리 그리스도인의 삶에서 고난이 없다는 것은 불가능하다는 것을 알고 있습니다. 그리고 저 역시 젊은 시절부터 기꺼이 좁고 험한 길을 선택하고 그 길을 걸어왔습니다. 하지만 저의 마음은 저에게, 그리고 우리 그리스도인들 모두에게 이제는 고난이 없는 삶, 그냥 평범하게 살아가는 삶이었으면 하는 마음이 훨씬 큰 겁니다.

"하나님, 고난 없이 그냥 살아가면 안 될까요?

갑절의 축복도 좋지만 그것보다 그냥 일상의 은혜를 누리며 살고 싶습니다. 매일 조금씩이어도 좋으니 그냥 평범하게 살면서 조금씩 좋아졌으면 합니다. 굳이 큰 복을 주지 않으셔도 됩니다. 조금은 느릴지 모르지만 그래도 꾸준히 그리스도를 닮아 가는 삶이면 충분할 것 같습니다."

저의 작은 바램입니다. 물론 저의 이러한 바램이 부질없는 짓이고 절대 하나님이 그렇게 내버려 두시지 않으실 것을 압니다. 하지만 어제, 오늘, 그리고 내일까지만이라도 그냥 큰 파도 없는 잔잔한 삶이었으면 하는 저의 바램으로 주님께 기도로 드리고 싶습니다.

#78
나무의
나이테처럼

> 나는 선한 싸움을 다 싸우고, 달려갈 길을 마치고, 믿음을 지켰습니다. 이제는 나를 위하여 의의 면류관이 마련되어 있으므로, 의로운 재판장이신 주님께서 그 날에 그것을 나에게 주실 것이며, 나에게만이 아니라 주님께서 나타나시기를 사모하는 모든 사람에게도 주실 것입니다(딤후 4:7-8).

별다방에는 아름다운 원목 탁자가 있습니다. 볼 때마다 탐이 납니다. 하나 구입해서 갖고 싶은데, 늘 마음속에만 담아 두고 돌아오곤 합니다. 그 탁자 위에는 저마다의 독특한 무늬가 있습니다. 나이테로 인해 만들어진 나무들만의 작품입니다. 하지만 우리에게 아름답게 보이는 나무의 결, 무늬, 나이테가 나무에게 있어서는 아름다운 기억만은 아닐 겁니다.

우리가 알고 있듯이 나무가 추운 겨울을 온 몸을 다해 이겨 내고 생존하기 위해 자신의 성장을 희생하며 만들어진 인내의 자국이기 때문입니다. 겨울의 폭풍우 속에서 생존하기 위한 자기 인내의 자국이고, 폭풍우가 혹독하면 혹독할수록 더 선명하게 남겨지게 되는 아픔의 기억이기 때문인거죠.

우리의 신앙생활, 처음 주님을 만났을 때, 우리에게는 성장만을 생각하는 시간들이 있었습니다. 모든 것이 잘 되던 시기, 기도하면 기도에 응답이 바로 오는, 우리의 삶에는 하나님의 기적의 증거들이 드러나고 또 하나님의 도우심이 주위에 넘쳐났던 시기입니다. 하지만 시간이 흘러가고 어느 순간부터 이전에는 자연스러웠던 것들이 사라져 버릴 때가 찾아옵니다.

이전에는 기도하면 바로 응답하시던 하나님이 더 이상 응답하지 않으시고 침묵 모드로 들어가십니다. 하나님의 음성이 사라진 겁니다. 이때부터 우리는 급해집니다. 어떻게 해서든지 이전의 관계, 하나님과의 첫사랑을 회복해야 한다는 생각에 초조해지고 조급해집니다. 하지만 처음 우리가 알던 하나님은 더 이상 우리에게 쉽게 당신의 모습을 드러내지 않으십니다. 이때부터 하나님은 침묵 모드로 가십니다.

신앙의 나이테를 만들어 가는 시기는 쉽지 않습니다. 아니 힘이 듭니다. 좌절하고 절망하고, 신앙을 버리게 되는 위기도 경험하게 됩니다. 그냥 버텨 내야 하는 시기입니다. 나무의 경우에 비유하면 겨울인 것입니다. 하지만 나무에게 겨울이 결코 의미 없는 시간이 아니듯, 우리 그리스도인들에게 이 시간 역시 소중합니다.

지금 당장은 아니지만 시간이 흘러 뒤돌아보면 우리가 경험한 신앙의 겨울은 우리를 그리스도로 인해 더 단단하게 만드는 시간이었고, 우리를 더 아름다운 그리스도인으로 만들었던 시간이었을 겁니다. 우리로 하여금 하나님과의 더 많은 이야기를 만들게 하는 시간이 되기도 했을 겁니다. 그러니 하나님이 침묵하셨고, 우리의 신앙이 흔들렸던 그 시간이 우리에게는 우리를 더 단단하게 하고, 그로 인해 우리를 더 아름답게 하는 귀한 시간, 하나님의 축복의 시간이 되는 겁니다.

지금 추운 겨울의 한가운데 서 계십니까?

일단 견디십시오. 사실 한겨울을 보내는 나무에게는 견딘다는 말조차 사치일지 모릅니다. 그냥 버티는 것이지요. 쓰러지지 않게 열심히 서 있는 것밖에는 아무것도 할 수 없는 겁니다. 하지만 그렇게 버티다 보면 어느 순간 다시 봄이 찾아올 것입니다. 그리고 겨울이 지나간 그 자리에는 새로운 무늬, 주님과의 기억이 담겨 있는 새로운 이야기들, 우리 그리스도인들이 자랑할 수 있는 아름다운 무늬들이 우리 안에 만들어지게 됩니다. 그러니 열심히 버티십시오.

#79
엠마오로 가는 제자들

> 그 날에 그들 중 둘이 예루살렘에서 이십오 리 되는 엠마오라 하는 마을로 가면서 이 모든 된 일을 서로 이야기하더라 그들이 서로 이야기하며 문의할 때에 예수께서 가까이 이르러 그들과 동행하시나(눅 24:13-15).

예수님은 사역하시는 3년 동안 제자들을 양육하시는 데 가장 많은 에너지를 들이셨습니다. 그런데 예수님이 십자가에서 돌아가시자 곧바로 제자들이 사라졌습니다. 어떤 이들은 도망가 버렸고, 어떤 이들은 숨어 버렸습니다. 예수님을 배신하고 판 사람도 예수님의 제자였고, 절대로 예수님을 부인하지 않겠다고 기세 좋게 큰 소리치던 제자 역시 언제 그랬냐는 듯이 세 번씩이 소리 높여 예수를 모른다고, 자신은 예수 같은 사람을 가장 경멸한다고 사람들 앞에서 소리친 사람도 예수님의 제자였습니다.

모두가 다 예수님을 부정했고, 떠나간 것입니다. 예수님의 3년은 흔적도 없이 사라져 버렸습니다.

엠마오로 가는 제자들 역시 예수님을 떠나간 사람들의 한 부류입니다. 그들이 열두 명의 제자들처럼 유명인들은 아니었지만 그들 역시 예수님을 따랐고 예수님의 제자로 살아가고자 했던 사람들입니다. 그런데 예수님이 십자가에서 죽으시자마자 자신들의 믿음을 포기하고(어쩌면 이 정도면 됐다는 마음을 가졌을지도?) 다시 이전의 삶으로 돌아가고자 길을 떠난 겁니다. 그런 그들을 예수님이 찾아오셨습니다.

그런데 예수님이 하신 일은 좀 특이합니다. 우리 같으면 당장 뒤통수를 후려치거나 멱살을 잡으며 어떻게 그럴 수 있느냐고 호통을 쳤을 겁니다. 아니면 불러 세워 놓고 자신이 얼마나 실망했는지 하소연하거나 너희들이 나한테 그러면 안 되었다고 하면서 원망하며 소리쳤을 겁니다. 그게 아니면 불러다 놓고 제자들의 잘못을 조목조목 지적하면서 왜 그랬냐고 다그쳤을 것입니다.

그런데 예수님은 달랐습니다. 예수님은 화를 내지도, 또 다그치지도 않으셨습니다. 그냥 제자들 옆을 나란히 걸어 주신 겁니다. 그리곤 조곤조곤 당신의 이야기를 들려주셨습니다.

엠마오로 가는 제자들의 이야기를 읽으며 두 가지 생각이 듭니다. 하나는 가끔은 예수님을 떠나(?)가는 것도 괜찮을 것 같다는 생각, 그러면 우리 주님이 반드시 찾아오셔서 함께 걸어 주실 테니까 그래도 될 것 같습니다. 또 하나는 엠마오로 가는 제자들에게 예수님이 함께 걸어 주셨듯이 우리와 함께, 아니 저와 함께 믿음의 길을 함께 걸어 주는 이들에 대한 고마움입니다.

제가 어느 순간 하나님을 잊고 내 힘으로 살아가고 있을 때, 아니면 제가 삶의 바닥에 떨어져 힘들어 하고 있을 때 묵묵히 손을 내밀어 주고 응원해 주고 기도해 주었던 사람들에 대한 고마움입니다. 우리 주님은 저에게 좋은 믿음의 길동무들을 허락하셔서 함께 걷게 하셨고, 그들로 인해 지쳐 쓰러지지 않고 포기하지 않고 계속해서 걸어갈 수 있게 하셨습니다. 하나님이 주신 귀한 은혜이고 감사입니다.

#80
내 안에 남아 있는 옹이는

> 주님, 내 기도를 들어 주십시오. 내 부르짖음에 귀를 기울여 주십시오. 내 눈물을 보시고, 잠잠히 계시지 말아 주십시오. 나 또한 나의 모든 조상처럼 떠돌면서 주님과 더불어 살아가는 길손과 나그네이기 때문입니다. 내가 떠나 없어지기 전에 다시 미소지을 수 있도록 나에게서 눈길을 단 한 번만이라도 돌려주십시오(시 39:12-13, 새번역).

'옹이', 사전적으로는 나무의 몸에 박힌 가지의 밑부분을 의미하고 또 다른 의미로는 가슴에 맺힌 감정 따위를 비유적으로 이르는 말입니다. 우리가 "옹이"라는 단어를 사용할 때는 주로 나무에 남아 있는 가지의 흔적을 이야기합니다.

그렇다면 '옹이'가 어떻게 생기는 걸까요?

나무는 높이 올라가야 햇빛을 많이 받을 수 있고 그러면 그만큼 생존확률이 높습니다. 그러니 나무는 높이 올라가기 위해 최선을 다해야 하는 것이지요. 그 과정에서 어쩔 수 없이 희생해야 하는 가지들이 있는데 이런 가지들의 흔적이 '옹이'라는 이름으로 불립니다. 물론 타의에 의해 잘려 나간 가지의 흔적 역시 '옹이'라는 이름으로 남게 됩니다.

그러니 한마디로 '옹이'란 나무의 상처 자국입니다. 그것이 나무 스스로 퇴화를 시키든 아니면 다른 이에 의해 잘려 나갔던 중요한 것은 나무에게는 상처이고, 그 상처의 자국은 나무가 아무리 크게 자라도 없어지지 않고 영원히 나무와 함께 간다는 것입니다. 하지만 이 옹이, 비록 나무에게서 잘려

나간 아픈 자국이기는 하지만 완전히 잊혀지는 존재가 되는 것은 아닙니다. 옹이의 존재 자체가 나무의 등급을 결정해 주는 중요한 역할을 하기 때문입니다.

잘려진 나무, 그런데 그 안에 군데군데 나 있는 옹이는 나무의 운치를 더해 나무를 귀하게 쓰이게 하는 중요한 역할을 하기도 하고 반대로 아무리 멋지게 뻗은 나무도 중간에 썩은 옹이가 존재한다면 그 나무는 폐기처분이 되기도 하는 것이지요.

우리도 역시 옹이, 아니 상처를 가지고 살아가는 존재입니다. 그 상처가 우리의 환경이 만들어 준 상처일 수도 있고, 마음의 소원이 이루어지지 않은 자리일 수도 있고, 아니면 외부에 의한 아픔에 의해 만들어졌을 수도 있지만 어쨌든 우리 대부분은 마음에 상처를 하나 이상 가지고 살아갑니다. 그리고 그 상처는 우리를 그 자리에 묶어 놓고 한 발도 나아가지 못하게 합니다. 우리 인생의 중요한 길목마다 나타나 발목을 잡고 결국은 주님으로부터 멀어지게 하는 원인이 되기도 합니다.

나무가 자라면서 옹이가 생기는 것은 어쩔 수 없습니다. 그냥 나무의 삶의 일부분인 것입니다. 우리 역시 마찬가지입니다. 우리는 살아가며 상처받지 않고 살아갈 수는 없습니다. 그냥 상처받고 살아가는 삶이 자연스러운 것입니다. 하지만 나무는 아무리 옹이가 많더라도 그 자리가 썩지만 않으면 됩니다. 옹이가 썩어 구멍만 내지 않으면 옹이가 만들어 내는 무늬로 인해 나무는 더 높은 가치를 가지게 됩니다.

우리의 상처 역시 마찬가지입니다. 우리의 상처받은 그 자리가 곪지 않고 썩지 않으면 됩니다. 왜냐하면, 그 자리는 우리로 하여금 주님께로 나아가게 하는 자리가 되고, 우리로 하여금 한 번더 기도하게 하는 이유가 되기 때문입니다. 그리고 궁극적으로 우리로 하여금 하나님을 만날 수 있는 자리를 마련해 주는 곳입니다. 이것이 바로 우리가 가진 상처, 옹이의 비밀인 것입니다.

#81
죽어야 하는 이유

> 베드로가 대답하여 이르되 주여 만일 주님이시거든 나를 명하사 물 위로 오라 하소서 하니 오라 하시니 베드로가 배에서 내려 물 위로 걸어서 예수께로 가되 바람을 보고 무서워 빠져 가는지라 소리 질러 이르되 주여 나를 구원하소서 하니 (마 14:28-30).

여전히 바다는 위험했습니다. 강풍도 여전했고 파도 역시 위협적이어서 언제 배가 뒤집혀도 이상하지 않은 상황입니다. 그런데 이제 죽었구나 하는 순간 눈앞에 기적처럼 예수님이 나타나셨습니다. 처음에는 귀신이라고 생각했는데 정말 예수님이, 그것도 물 위를 걸으셔서 다가오고 계신 겁니다. 하지만 예수님의 존재가 위험이 사라졌다는 뜻은 아닙니다. 위험은 여전했고 상황은 전혀 나아지지 않았습니다.

배 안에 머무는 것이 안전할까요, 아니면 예수님을 향해 나아가는 것이 안전할까요?

선택은 각자의 영역이지만 분명한 것은 어떤 선택을 해도 위험하기는 마찬가지입니다. 그렇다면 예수님입니다. 배에 남아 있어 봐야 결국 죽게 되겠지만 예수님이시라면 상황을 변화시키실 수 있으실 것입니다. 혹 그렇게 안 해 주셔도 일단 예수님을 선택했다면 최소한 폼이라도 날 겁니다. 아니 그래서가 아닙니다.

우리가 예수님을 선택하는 것은 예수님이 우리를 무조건 도와주실 것이라는 확신하기 때문입니다. 우리가 예수님을 선택했으니 당연히 예수님이 도와주실 것, 아니 도와주셔야 하는 겁니다. 우리는 그렇게 배웠고 믿어 왔으니 그게 맞는 겁니다.

예수님을 향해 배에서 나왔습니다. 그런데 놀라운 일이 일어납니다. 물 위를 걷고 있는 겁니다. 역시 예수님을 선택한 것이 옳은 선택입니다. 이제 곧 모든 것이 정리될 것입니다. 바람은 멈추고 파도는 잔잔해질 겁니다. 오직 예수만 바라보고 가면 모든 것이 해결된다고 배웠는데 정말 그렇게 될 것입니다. 분명히 모든 것이 좋아질 것입니다.

하지만 현실은 생각대로 되지 않습니다. 바람은 여전히 강풍이었고 파도는 여전히 위협적입니다. 예수님을 보고 있는데 환경은 전혀 나아지지 않았습니다. 아니 이전보다 더 안 좋아질 수도 있습니다. 그나마 밟고 있던 배를 떠났으니 이제는 정말 아무것도 없는 겁니다. 이제 죽어야 하는 겁니다.

예수님만 믿고 그나마 안전한 배를 버리고 더 큰 위험에 자신을 맡겼습니다. 그런데 위험은 사라지지 않았습니다. 아니 자기 스스로 더 위험한 곳으로 걸어 들어온 격입니다. 후회가 밀려옵니다. 그냥 배에 있었으면 조금이라도 더 살 수 있었을 텐데 무슨 생각으로 배를 박차고 나와 버린 건지 모르겠습니다. 그래서 이제 곧 죽게 된 겁니다.

결국 그런 것이었습니다. 예수님을 선택한다는 것은 죽어야 하는 겁니다. 베드로는 예수님을 향해 몸을 던지면 살 것이라고 생각했을 것입니다. 하지만 착각입니다. 결국 죽어야 하는 겁니다. 왜냐하면, 베드로 자신이 먼저 죽어야 예수 그리스도의 구원을 경험하게 되기 때문입니다. 그러니 무조건 좋을 것이라는 것, 절대 죽지 않을 것이라는 것은 착각입니다.

먼저 죽어야 합니다. 우리는 죽어야 하는 존재이기 죽어야 하고, 그렇게 죽어야 다시 살아날 수 있기 때문에 죽어야 하는 겁니다. 깊은 물에 빠졌다는 것은 우리가 죽었다는 것을 의미하지만 우리를 다시 살리시는 우리 주님을 경험하게 되는 순간이기도 한 것입니다. 그러니 우리는 죽어야 하는 것이고, 그 죽음이 우리로 하여금 예수로 인해 다시 살아나게 하는 전제조건이 되는 이유입니다.

#82
이제
거의
다 왔습니다

그런즉 누구든지 그리스도 안에 있으면 새로운 피조물이라 이전 것은 지나갔으니 보라 새 것이 되었도다(고후 5:17).

고무줄을 당겨 보셨을 겁니다. 고무줄을 당기면 쉽게 늘어납니다. 그리고 어느 단계에서나 줄을 놓으면 다시 원위치, 고무줄을 길게 당기면 당기는 만큼 더 강하게 원위치 합니다. '탄성'입니다. 그런데 '탄성', 다시 원래 위치로 돌아가는 현상은 고무줄에만 있는 게 아닙니다. 한 예로 우리에게 익숙한 다이어트에서도 그렇습니다.

올 전반기 4-5개월에 걸쳐서 조금씩 체중을 줄여 갔습니다. 처음에는 일주일에 1킬로그램으로 시작해서 마지막에는 2-3주에 1킬로그램 정도 꾸준히 줄여서 거의 10킬로그램을 줄여 나갔습니다. 그런데 9월 한 달, 잠시 마음을 놓고 있었더니 다시 원위치로, 이번에는 무서운 속도로, 제동을 걸 수 없을 정도의 속도로 올라가고 있습니다. 요요가 온 겁니다.

그런데 이러한 일, 그것을 탄성으로 부르든 아니면 요요라고 부르든 원래의 자리로 다시 돌아가려는 힘은 우리 신앙에서도 일상적인 일입니다. 대표적인 경우가 이스라엘 백성들입니다. 그들은 그들에게 진절머리 나게 싫었고, 지옥 같은 곳이었던 애굽을 떠나 하나님의 약속의 땅을 향해 광야로 뛰쳐나온 사람들입니다.

하지만 그들 역시 다시 돌아가려는 힘에서 자유로울 수 없었습니다. 고무줄이 손에서 미끄러지거나 빠지는 순간 다시 출발점으로 돌아가는 것처럼 이스라엘 역시 광야의 삶이 고달파지는 순간마다 애굽으로 다시 돌아가려 했습니다. 애굽에서 살아갈 때는 애굽이 바로 지옥이라고 생각하던 사람들이 언제 그랬냐는 듯이 다시 애굽으로 돌아가려는 힘에 사로잡히게 되었던 겁니다. 애굽이 지옥이라는 것을 알았지만 애굽에 길들여져 있었기에 다시 원래대로 끌어 당겨지는 힘에서 자유로울 수 없었고, 다시 애굽을 향할 수밖에 없었던 겁니다.

우리도 마찬가지입니다. 우리 역시 이전의 삶으로 돌아가게 하는 힘에 그대로 노출되어 있습니다. 예수 믿고 잘 살 때, 예수 믿고 모든 것이 잘 풀릴 때는 이전의 삶을 생각하지 않았습니다. 그런데 살다가 어렵고 힘들어질 때, 예수 믿고 사는 것이 불편해지면 우리는 자연스럽게 뒤를 돌아보게 됩니다.

'예수 안 믿고 살 때는 불편하지 않았는데, 예수를 모를 때는 내 마음대로 살 수 있었는데 ….'

그 시절을 그리워합니다. 세상 사람들, 대충만 봐도 분명 우리보다 더 엉망으로 사는 것 같은데 누구 하나 손가락질하지 않고 불평하지 않습니다. 물론 그들에게 특별한 기대를 하지 않아서이겠지만 그들은 그들이 원하는 대로 살아가는 것 같습니다.

하지만 우리는 이제 그럴 수 없습니다. 우리는 이미 예수를 알아 버려서 이전처럼 살아갈 수 없는 겁니다. 그런데 예수 잘 믿는 것 역시 어렵기는 마찬가지입니다. 그러니 이러지도 저러지도 못하면서 자꾸 뒤만 돌아보게 되는 겁니다.

그런데 그거 아십니까?

만일 우리가 예수님과 세상 사이에서 이러지도 저러지도 못 하고 있다면 거의 다 와 있는 거라는 것을요. 고무줄을 당길 때를 생각해 보십시오. 처음에는 별로 힘들지 않습니다. 하지만 어느 순간부터 힘이 들어가기 시작합니다. 더 이상 늘어나지 않기 때문입니다. 그런데 그 단계를 버티며 조금만 더 당기면 어느 순간 고무줄이 끊어져 버립니다. 더 이상 힘이 필요 없는 단계가 되는 거고 그때부터는 탄성에서 자유로워지는 겁니다.

우리가 만일 예수님과 세상 사이에서 이러지도 저러지도 못 하고 있다면 우리는 거의 다 온 겁니다. 조금만 더 버티면, 조금만 더 힘을 내면 이제 곧 세상으로부터 자유로워져 온전히 주님만으로 살아가게 될 것입니다. 그러니 그날이 올 때까지 우리가 새로운 피조물임을, 우리에게서 이전 것은 이미 다 지나간 것임을 기억하고 버티며 오늘을 살아가야 합니다.

#83
예수님의 눈이 향한 곳

> 베드로가 예수께 여쭈어 이르되 주여 우리가 여기 있는 것이 좋사오니 만일 주께서 원하시면 내가 여기서 초막 셋을 짓되 하나는 주님을 위하여, 하나는 모세를 위하여, 하나는 엘리야를 위하여 하리이다(마 17:4).

영화로운 모습으로 변화된 예수님, 모세와 엘리야를 두 눈으로 확인하는 순간, 베드로는 세상 부러울 것이 없었을 겁니다. 예수님이 자신이 믿었던 그대로의 모습으로 변화하신 것도 놀라운데 위대한 조상인 모세와 엘리야, 더구나 그들이 예수님과 함께하는 모습, 그 장면은 베드로에게 더 이상의 것이 필요 없는 순간이 된 겁니다.

영광과 감격, 감동의 순간, 그곳이라면 평생 감격스러울 것 같고, 감동스러울 것 같습니다. 종이 되어 평생 수발을 해도 부족하지 않을 것 같은 현장, 그래서 베드로는 그곳에서 평생 살고 싶었을 겁니다.

베드로의 마음을 이해 못 하는 것은 아닙니다. 베드로의 삶을 생각해 보십시오. 베드로가 살아왔던 삶, 지금은 그래도 예수님의 제자, 그것도 수제자라는 타이틀로 인해 어깨에 힘깨나 주고 다니지만 이전의 삶이란 고단함 그 자체였습니다.

매일 물고기를 잡아야 하는 어부의 삶, 물고기는 하늘이 주신다는 말처럼 가끔은 물고기가 많이 잡혀서 굶지 않아도 되지만, 대부분의 날은 허탕을 치거나 겨우 몇 마리 정도의 수확으로 먹는 날보다는 굶는 날이 훨씬 많았던 삶, 가난이 일상이었던 삶이었습니다. 베드로에게는 다시 돌아가고 싶지 않은, 아니 기억하고 싶지 않은 삶이었을 겁니다. 베드로는 자신의 아픔이 기억나는 세상이 아닌 영원히 영광스러움의 자리에 있고 싶었을 것입니다.

하지만 예수님은 그럼에도 불구하고 산을 내려오셔야 하셨습니다. 예수님이 베드로의 마음을 몰라서 그렇게 하신 것이 아닙니다. 누구보다 베드로의 마음을 잘 아시는 분이 예수님이셨지만 예수님이 바라보시는 곳이 저 높은 곳이 아닌 가장 낮은 곳, 베드로, 예수님을 따르는 사람들, 그리고 우리들이 매일을 살아가고 있는 바로 이곳이었기 때문입니다. 그러니 예수님은 베드로의 간절함을 모른 척하셔야 했고, 산을 내려오셔야 했던 겁니다.

산에서 내려오신 예수님의 마지막은 우리들 모두가 잘 알고 있습니다. 예수님은 십자가에 못 박히셨고, 베드로를 포함한 모든 제자는 도망가 버렸습니다. 그리고 하나님마저 고개를 돌리시는 바로 그 자리, 십자가의 고통 속에서 철저히 혼자가 되셔야 하는 그 자리에 서셔야 했습니다.

하지만 예수님은 그 모든 것을 아셨지만 산을 내려오셨습니다. 왜냐하면, 예수님이 바라보셨던 곳, 그분의 눈이 향했던 곳은 영광스러운 산 위가 아니었기 때문입니다. 그분의 눈은 언제나 아래 세상, 우리가 살고 있는 바로 이곳, 그리고 그 안에서 살아가는 우리를 향해 맞춰져 있으셨기 때문입니다.

#84
골든벨

> 나귀와 나귀 새끼를 끌고 와서 자기들의 겉옷을 그 위에 얹으매 예수께서 그 위에 타시니 무리의 대다수는 그들의 겉옷을 길에 펴고 다른 이들은 나뭇가지를 베어 길에 펴고 앞에서 가고 뒤에서 따르는 무리가 소리 높여 이르되 호산나 다윗의 자손이여 찬송하리로다 주의 이름으로 오시는 이여 가장 높은 곳에서 호산나 하더라(마 21:7-9).

 영화나 드라마를 보면 잘 생기고 돈 많은 재벌 2세가 골든벨을 울리는 장면이 나옵니다. 크리스마스 파티나 자신의 생일 파티, 아니면 자신이 좋아하는 스포츠 팀이 우승을 했을 때 그 기분을 즐기려고 골든벨을 울립니다.
 "자, 오늘 밥(?)값은 제가 다 냅니다. 마음껏 드세요."
 그러면 그곳에 있는 사람들 모두가 함성으로 감사의 인사를 하는 식입니다. 그리고 그 함성 속에는 '야, 오늘 밥값 굳었다', '땡 잡았다'가 들어 있는 겁니다. 물론 속으로입니다.
 예루살렘 성문 앞에 도열해 있는 사람들, 종려나무 가지를 길에 펴고, 자신들의 겉옷을 기꺼이 깔고 예수님을 맞이하고 있는 사람들, 이들은 미리 환호성을 지르고 있는 겁니다. 이제 곧 예수님이 울리실 골든벨을 기대하며 자신의 밥값을 대신 지불하실 그분을 향해 박수를 치며 환호성을 지르는 겁니다.
 "호산나, 다윗의 아들이시여, 이제 제 밀린 밥값을 지불해 주실 거지요. 당신이 최고입니다. 당신 덕에 그동안 밀린 밥값을 모두 청산할 수 있게 되었습니다. 감사합니다."

그런데 사람들은 곧 알게 됩니다. 예수님은 예루살렘 사람들이 기대하던 종류의 골든벨을 울리실 생각이 없으셨다는 것을, 오히려 자신들의 그동안 먹고 살았던 밥상을 엎으시는 분이라는 것을 말이죠. 처음부터 예수님은 유대인들의 기대를 채워 주실 분이 아니었던 겁니다. 유대인들만 그렇게 기대했을 뿐입니다. 하지만 유대인들은 자신들이 오해한 것은 생각하지 못하고, 모든 것이 예수님 탓이라고, 예수님이 자신들을 속였기 때문이라고 예수님께 분노한 겁니다.

유대인들이 매섭게 돌아서 버립니다. 호산나를 불렀던 그들의 입에서는 예수님에 대한 저주가 쏟아져 나오고, 분노한 그들은 예수님을 죽여야 한다고 목 놓아 소리칩니다.

"네가 감히 우리의 밥상을 걷어차려고 해?

밥값을 내주라고 불렀더니 밥상을 엎으려고 해?

당신은 우리가 원하는 사람이 아니야. 우리가 원하는 사람은 우리를 위해, 우리의 밥값을 위해 골든벨을 울리는 사람이지, 당신 같은 사람, 밥상을 뒤집어 버리는 사람은 아니야. 우리는 당신을 원하지 않아. 아니 당신 같은 사람은 없어져야 해."

그리고 그들은 그 일을 실제로 했습니다.

하지만 그들은 모르고 있었습니다. 아니, 새로운 밥상이 차려지기 위해서는 이전의 밥상이 엎어져야 한다는 것을 모른 척했을지도 모릅니다. 하지만 아무리 좋은 음식이 준비되어 있더라도 이전의 밥상이 그대로이면 새로운 음식을 내어 올 수 없습니다. 혹 내어 오더라도 이전의 밥상과 크게 다를 것 없는 밥상일 뿐입니다. 그러니 먼저 이전의 밥상을 치워 버려야 합니다. 그래야 새로운 밥상이 차려질 수 있습니다. 하지만 유대인들은 자신들의 익숙한 밥상을 지키기를 원했고, 그렇기에 예수님이 차리시려는 밥상은 유대인들로부터 거절되고 거부된 겁니다. 예수님이 십자가에 달리신 이유입니다.

#85
두 곳을
바라보기

> 우리가 지금은 거울로 보는 것 같이 희미하나 그 때에는 얼굴과 얼굴을 대하여 볼 것이요 지금은 내가 부분적으로 아나 그 때에는 주께서 나를 아신 것 같이 내가 온전히 알리라 (고전 13:12).

요즘 차를 타고 교외로 나가 보면 들판에는 추수할 곡식들이 지천으로 널려 있는 걸 볼 수 있습니다. 얼마 전까지 그냥 푸르기만 했던 것들이 어느 순간 열매를 맺고 적당하게 익어 이제 농부의 추수를 기다리고 있는 겁니다. 모두가 다 농부의 수고 덕분입니다.

농부는 두 가지를 함께 보는 사람 같습니다. 봄에 씨를 뿌리는 농부, 그에게 있어 가장 중요한 일은 좋은 씨를 구해 좋은 땅에 잘 뿌리는 일입니다. 그래야 농부는 자신이 풍성한 추수를 할 수 있다는 것을 알기에 최선을 다해 그 일을 하는 겁니다.

하지만 농부는 씨를 뿌리는 일만 보고 있는 것은 아닙니다. 자신이 뿌린 씨가 잘 자라 풍성한 열매로 돌아오게 될 가을 역시 농부의 고려 대상입니다. 그래서 농부는 작물 사이에 넉넉한 공간을 확보하여 작물이 충분히 자랄 수 있도록 준비해 주고, 자신의 농장에 접근할 수 있는 길을 미리 만들어 추수한 곡식을 실어 나르는 일을 준비하는 일 등, 봄에는 필요 없는 일들을 미리 준비해 놓는 겁니다. 그러므로 농부는 봄에 씨를 뿌리는 동시에 가을의 추수를 바라보고 있는 겁니다.

곡식이 자라고 익어 가기 시작하는 길고 무더운 여름 역시 마찬가지입니다. 사실 농부에게 여름은 어려운 시간입니다. 그의 눈에 보이는 것은 그냥 푸르기만 한, 아직 어떤 열매도 맺지 못한 채 키만 크고 있는 곡식대뿐입니다. 하지만 농부는 실망하지 않습니다. 왜냐하면, 농부는 수고하며 기다리고 있기 때문입니다.

농부의 마음의 눈은 지금은 보이지 않지만 이제 곧 돋아날 곡식의 낱알을 보고 있기에 무더운 여름, 아무것도 없는 들판에서 자신의 최선을 다할 수 있는 겁니다. 그러니 농부는 여름날 무더위와 기꺼이 싸우며 아무 소득 없는 그 일을 계속해서 할 수 있는 겁니다. 무더위 속의 소득 없는 일들이 모여야 가을의 풍성한 추수가 가능하다는 것을 알고 있기 때문입니다.

우리의 일상, 믿음생활 역시 마찬가지입니다. 우리의 지금, 우리의 오늘 하루는 사실 하나님 나라와는 아무 상관이 없어 보입니다. 우리가 오늘 하루를 아무리 열심히 살아도 누구 하나 알아 주지 않습니다. 통장에 돈을 넣어도 한 줄이 찍히지만 우리가 믿음으로 살아가는 하루는 그냥 허공으로 사라져 버리는 것처럼 보입니다. 마치 농부가 여름날 나락 하나 없는 들판에서 수고하지만 아무것도 보이지 않는, 그리하여 고단함만 남는 그런 의미없는 수고를 하는 것 같습니다.

하지만 우리는 농부가 무더운 여름, 아무것도 없는 들판에서 땀을 흘릴 수 있는 비밀, 즉 가을의 풍성한 열매를 마음으로 보며 기나긴 여름의 고단함을 견뎌 낼수 있는 것처럼 우리 역시 우리가 주님 앞에 설 그날을 믿음의 눈으로 보는 것이 필요합니다. 그리고 그 믿음의 눈으로 보는 그 순간의 영광을 기대하고 소망하면서 오늘 하루를, 비록 아무 소득도 영광도 없는 것처럼 보이는, 아무런 의미도 찾을 수 없는 그런 막막하고 힘겨운 시간을 묵묵히 견뎌 내야 합니다.

그리하여 농부가 가을에 수확의 기쁨으로 기나긴 여름날의 고단함을 보상받 듯이 우리 역시 마지막 날에 주님을 직접 대면함으로 고단하지만 포기하지 않고 묵묵히 걸어간 믿음의 여정에 대한 보상을 받게 될 것입니다.

#85. 두 곳을 바라보기

#86
한 가지 분명한 것은

> 그러나 나의 나 된 것은 하나님의 은혜로 된 것이니 내게 주신 그의 은혜가 헛되지 아니하여 내가 모든 사도보다 더 많이 수고하였으나 내가 아니요 오직 나와 함께하신 하나님의 은혜로라(고전 15:10).

"당신 둘째랑 이야기 좀 해 봐."

아내가 저를 부릅니다.

대체 무슨 일인지?

갑자기 두려움이 밀려옵니다. 그때 등장하는 둘째가 말합니다.

"아빠, 하나님은 불공평하신 거 아니에요?

우리는 하나님 믿는데 불교 나라에 태어난 사람이나 이슬람교를 믿는 곳에 태어난 사람은 어떻게 해요?"

아들이 크고 있습니다. 부모 덕(?)에 태어나자마자 교회에 다니며 교회에서 가르치는 내용을 빠짐없이 받아들이던 아들에게 드디어 궁금증이 생겼습니다. 그것도 차별에 대해서입니다. 아들 입장에서는 궁금했을 것이고, 또 예수님 믿지 않는 사람들, 아니 믿을 수 없고 평생 예수님을 모르고 사는 사람들에 대한 걱정이 생긴 겁니다.

태어나서 처음 갖게 된 심각한 궁금증, 얼굴을 알지 못하지만 예수님을 알 기회조차 없는 사람들에 대한 연민이 생긴 것 같습니다. 대견하기도 하면서 한편으로는 왜 하필 첫 번째 질문이 가장 난이도가 높은 질문 중에 하나인지 속으로 툴툴거립니다.

"그런 거 아빠에게 물어보는 거 아니야."

대답하기 귀찮은 질문은 피하는 게 상책입니다. 그런 제가 못마땅한 아내가 한마디 합니다.

"그러면 교회에서 목사님께 물어보라고 말해 줘."

그래서 제가 다시 한마디 합니다.

"목사님께 그런 어려운 질문 하는 거 아니야. 목사님 괴롭히지 마!"

사실 아들의 질문, "예수님에 대해 평생 한 번도 들어보지 못한 사람들은 어떻게 해요?"라는 질문은 답이 없는 질문, 아니 우리가 답을 알 수 없는 질문입니다. 그리고 솔직히 저도 답을 잘 모르겠습니다. 물론 대충 답변은 할 수 있을 겁니다. 신학교를 졸업한 지 너무 오래 되어서 다 잊어버렸지만 그래도 '예정설' 따위의 신학 용어를 들어가며 "모든 게 다 하나님의 뜻이야"라고 대답할 수 있을 것입니다.

하지만 저의 답변이 신학적으로 맞을지는 모르지만 "하나님이 사람을 차별하시는 거 아닌가?"라는 심각한 의심을 품고 있는 아들에게는 충분한 답이 되지는 못할 겁니다. 사실 저도 잘 모르기에 답을 말하는 것 자체가 무리이기도 합니다.

그런데 정말 타 종교의 환경 속에서 태어나 한 번도 예수님의 이름을 듣지 못하고 살아온 사람들은 어떻게 되는 걸까요?

지옥?

아니면 그들에게 다른 기회가 주어질까요?

솔직히 모르겠습니다. 우리가 아는 기독교 신앙은 "지옥"이라고 말하는 것이겠지만 지금의 저로서는 그냥 간단하게 "지옥"이라고 답을 할 수 없을 것 같습니다. 왜냐하면, 저도 잘 모르기 때문입니다. 다만 지금 생각하기는 이 질문에 대한 답은 우리가 이 땅에서의 삶을 다하고 주님 앞에 서게 되는 날 주님의 입을 통해 알 수 있게 될 것이라고 생각하는 정도입니다.

하지만 답을 분명히 알고 있는 질문은 하나 있습니다. "왜 하나님은 우리를 구원해 주셨을까요"라는 질문입니다.

"하나님 왜 저 사람은 구원해 주시지 않으셨어요?"
"왜 저 사람에게는 기회조차 주지 않으셨어요?"
"하나님은 사랑이시라고 배웠는데 왜 저들에게는 아닌가요?"

이런 질문들에 대한 답은 모르겠지만 "하나님, 왜 제가 구원받았습니까"라는 질문에 대한 답은 분명하게 알고 있습니다. 그 답은 바로 "하나님의 은혜이고 사랑"입니다. 우리는 하나님의 은혜를 받은 사람들이고, 하나님의 은혜로 살아가고 있는 사람들입니다. 이것이 바로 우리가 알아야 할, 분명하게 알고 있어야 할 유일한 진리입니다. 그리고 이 진리 위에 우리가 살아가는 이 땅에서의 삶이 있습니다.

#87
우리
삶이
흔들릴 때

> 내가 궁핍하므로 말하는 것이 아니니라 어떠한 형편에든지 나는 자족하기를 배웠노니 나는 비천에 처할 줄도 알고 풍부에 처할 줄도 알아 모든 일 곧 배부름과 배고픔과 풍부와 궁핍에도 처할 줄 아는 일체의 비결을 배웠노라
> (빌 4:11-12).

미국 생활을 하면서 했던 여러 가지 아르바이트 중에 하나가 목수 일이었습니다. 목수를 보조해서 벽을 부수고 마루를 뜯고, 목수가 새롭게 벽을 세우고 마루를 까는 일을 돕는 역할이었습니다. 지은 지 30년이 넘는 집의 마루를 뜯는 일을 주로 했습니다.

마루를 뜯어내기 위해서는 먼저 촘촘히 박혀 있는 못을 뽑아야 했는데 이게 정말 까다로운 일이었습니다. 못이 너무 오래되어서 쉽게 머리가 부러지고 멀쩡한 못도 쉽게 나오지 않았습니다. 그런데 못을 뽑아내는 일의 대부분은 그렇게 복잡한 과정은 아니었습니다. 무조건 좌우로 흔들면 되는 거였고 그러면 아무리 강하게 박혀 있는 못도 결국 나왔습니다.

그런데 못을 뽑으면서 알게 되는 사실이 하나 있었습니다. 애를 먹이는 녀석일수록 더 오래되었다는 겁니다. 한번 박혀서 그곳에 오래 머문 놈일수록 뽑아내기도 어렵고 또 뽑아내도 제대로 된 모습으로 나오는 놈도 없었습니다. 대부분 부러지고 휘어져서 보기 흉한 모습이었습니다. 그러니 일을 시작하기 전에 건축 연도를 확인하면 그날 얼마나 많이 흔들어야 하는지가 예측되었습니다.

우리 인생도 그런 것 같습니다. 사실 우리는 한 곳에 뿌리내리고 살아가고 싶어 하고 또 그렇게 살고 있습니다. 그런데 어느 날 갑자기 흔들릴 때가 있습니다. 우리 신념이 흔들리고 우리 자신이 흔들리고, 또 우리를 둘러싼 환경이 흔들릴 때입니다. 물론 그런 일이 일어나지 않는다면 더 좋겠지만 대부분 우리의 인생은 그렇게 흔들릴 때가 있습니다.

그러면 우리는 먼저 우리 자신을 돌아보게 됩니다. 우리가 무슨 잘못이 있는지 찾아보고 환경을 둘러봅니다. 또 하나님과의 관계 속에서 자신을 돌아보고 우리를 새롭게 함으로써 흔들림에서 벗어나 안정을 찾으려고 합니다.

그런데 문득 그런 생각이 듭니다. 우리의 인생이 갑자기 흔들린다면, 그것도 아무 이유 없이, 그동안 우리가 중요하게 생각했던 모든 것이 흔들리고 있다면 혹 주님이 우리를 옮기려 하시는 것은 아닐지를 생각해야 한다는 겁니다.

주님은 우리를 옮겨 새로운 곳에서 다시 뿌리 내리기를 원하시는데 우리가 너무 깊이 박혀 있어 쉽게 뽑히지 않기에 주님이 우리를 흔들고 계시는 것은 아닐까?

물론 아닐 수도 있습니다. 그냥 우연일 수도 있을 겁니다. 하지만 우리는 주님의 일하심에 민감한 사람들이어야 합니다. 그리하여 혹 주님이 우리를 새로운 곳으로 부르고 계신지, 우리가 흔들리고 우리의 삶이 흔들리는 그 순간 깊이 생각해 보고 기도해 보야 하는 것입니다. 그리하여 우리가 흔들릴 때, 그리고 그것이 주님의 부르심이 될 때, 우리는 기꺼이 우리가 붙잡고 있는 모든 것을 내려 놓음으로써 주님의 부르심에 응답해야 합니다. 왜냐하면, 우리는 주님이 부르신 자리에서 살아가야 하는 존재들이기 때문입니다.

#88
다니엘처럼

> 다니엘이 이 조서에 왕의 도장이 찍힌 것을 알고도 자기 집에 돌아가서는 윗방에 올라가 예루살렘으로 향한 창문을 열고 전에 하던 대로 하루 세 번씩 무릎을 꿇고 기도하며 그의 하나님께 감사하였더라(단 6:10).

다니엘을 비롯한 유대인들에게는 하루에 세 번씩 기도하는 전통이 있었습니다. 모든 유대인이 하루에 최소 세 번 하나님께 기도를 드렸다는 것입니다. 그런 의미에서 다니엘 6장에 나오는 다니엘의 기도는 얼핏 보기에는 특별할 것 없는, 유대 민족의 전통에 따라 드리는 일상적인 기도처럼 보입니다.

하지만 우리가 알듯이 지금 다니엘이 드리는 기도, 하루에 세 번 예루살렘, 정확히 말해 예루살렘의 하나님을 향한 기도는 성경에서 가장 위험한 기도 중 하나일 겁니다. 왜냐하면, 다니엘의 기도는 자신의 목숨을 담보로 한 기도였고 실제 다니엘은 그 기도로 자신의 목숨을 잃어야 할 위기에 놓이게 되기 때문입니다.

그런데 우리는 여기서 이런 질문을 던질 수 있습니다. 나라에서 금지하면 조금 지혜롭게 기도할 수 없었겠느냐는 것입니다.

그냥 안 보이는 곳에서 조용히, 마음속으로 기도하면 안 되었나?
굳이 창문을 열고 기도했어야 했나?
창문을 닫으면 안 되었나?

하지만 다니엘은 우리가 생각하는 지혜로운 방법은 염두에 두지 않았던 것 같습니다. 자신이 원래 드리던 그대로 기도하는 것을 택한 겁니다.

그렇다면 다니엘은 어떻게 자신의 생명까지 걸고 기도할 수 있었을까요?

사실 다니엘의 기도는 우리 그리스도인들이 그렇게도 바라고 있는 간절한 기도, 생명을 내어놓고 드리는 기도였습니다. 우리도 매일 기도합니다. 우리 그리스도인들의 삶은 기도를 빼놓고는 말할 수 없습니다. 우리의 입에서 가장 많이 나오는 단어 중에 하나도 기도일 것입니다.

하지만 우리의 기도는 다니엘처럼 간절하지도 또 치열하지도 않습니다. 우리는 아무리 해도 다니엘과 같은 생명을 걸고 하는 기도, 간절한 기도가 안 됩니다.

그렇다면 다니엘이 특별한 사람이니까 그런 기도를 드릴 수 있는 건가요?

아닙니다. 우리도 다니엘처럼 간절한 기도, 목숨을 내어놓는 기도를 드릴 수 있습니다. 한 가지 전제, 우리의 삶이 다니엘의 삶처럼 처절하게 망가진다면 가능할 겁니다. 우리가 잘 알고 있듯이 다니엘은 바벨론에 포로로 끌려와 있는 신세입니다.

하나님의 성전이 있는 예루살렘이 아닌 이방신들의 나라 바벨론에서, 억지로라도 이방신을 향해 고개를 숙여야 하고, 그들의 제사상에서 나오는 음식으로 배를 채우며 그들의 방식대로 살아가고 있습니다. 거룩한 하나님의 백성인 유대인에게 있어 최악의 수모를 당하며 살아가고 있는 겁니다. 바벨론에서의 다니엘은 이미 죽은 사람이었던 겁니다. 다니엘이 자신의 생명을 걸고 기도할 수 있었던 배경입니다.

우리 그리스도인들에게 기도는 일상입니다. 하지만 우리 누구도 우리의 기도가 충분하다고 느끼지 못합니다. 기도가 늘 부족하다고 느끼는 거지요. 기도하는 시간, 당연히 부족합니다. 하지만 더 큰 문제는 기도하면서 간절함, 치열함이 없다는 걸 겁니다. 기도에 생명을 걸고 싶은데 그것이 잘 안 되는 겁니다.

하지만 실제로 그렇다고 해도, 우리의 기도에 치열함이 없고, 간절함이 떨어진다고 해도 힘들어 하지 않았으면 합니다. 우리에게 만약 다니엘과 같은 상황이 만들어진다면 우리 역시 다니엘처럼 기도할 수 있을 테니까요.

하지만 지금은 아닙니다. 지금은 그냥 하나님이 허락하신 일상을 살면서 드리는 기도, 그 기도가 가장 귀한 기도일 것입니다. 그래도 부족하다고 느껴지면 그 마음으로 한번더 기도하면 됩니다. 지금 우리가 드리는 기도, 그 기도가 지금 우리의 최선의 기도이기 때문입니다.

#89
몸에서 힘 빼기

> 그러나 요나가 여호와의 얼굴을 피하려고 일어나 다시스로 도망하려 하여 욥바로 내려갔더니 마침 다시스로 가는 배를 만난지라 여호와의 얼굴을 피하여 그들과 함께 다시스로 가려고 배삯을 주고 배에 올랐더라(욘 1:3).

저는 천성적으로 겁쟁이입니다. 초등학교 때까지는 밤에 혼자 화장실(화장실이 마당 건너편에 있던 시골집)에 가지 못했고, 중고등학교때도 혼자 밤길을 가는 일은 최선을 다해 피하곤 했습니다. 그 이후에도 위험한 일은 될 수 있으면 피하며 살아가자는 주의로 살고 있고 그중에 하나가 물이었습니다.

제가 어린 시절 자랐던 곳은 산도 있었지만 바다도 근처에 있고 저수지도 있는 곳에서 물을 접할 수 있는 기회가 많았습니다. 하지만 겁이 많았던 저는 산은 몰라도 물은 온전히 즐기지 못했습니다. 수영을 하지 못했다는 것인데 순전히 제가 겁쟁이였기 때문입니다.

수영을 배워 보려고 하지 않았던 것은 아닙니다. 하지만 저에게는 불가능한 미션이었습니다. 수영의 시작은 물에 뜨는 것이고 물에 뜨기 위해서는 몸에 힘을 빼야 했습니다. 하지만 유난히 겁이 많았던 저에게 물에서 힘을 빼는 일은 거의 불가능했습니다. 잠시 힘을 빼는 듯 하다가도 바로 다리에 힘을 주고 땅을 짚고 서기를 반복했으니 가르치는 사람도 지치고 배우는 저 또한 무서워서 포기하는 일을 반복했습니다. 결론은 '발이 닿지 않는 물에는 들어가지 않는다'였습니다.

수영를 배우고 싶다면 몸에 힘을 빼야 합니다. 몸에 힘을 완전히 빼야 물에 뜰 수 있고, 거기서 발을 움직이게 되면 앞으로 나아가게 되는 겁니다. 물론 힘을 빼는 일은 어렵습니다.

힘을 뺀다는 것은 자신이 가지고 있는 자신에 대한 통제권을 포기하고 물에 자신을 온전히 맡긴다는 것을 의미합니다. 그러면 우리는 우리 몸이 물에 뜨는 놀라운(?) 경험을 하게 되는 것이구요. 그리고 그때부터는 수영이 그렇게 어렵지 않다는 것, 물이 위험하다기보다는 이전에 경험하지 못했던 새로운 차원의 즐거움이 있다는 것을 알게 되는 겁니다. 이 모든 것이 자기 자신의 통제권 포기하고 물에 자신을 온전히 맡길 때 가능한 일이 되는 겁니다.

우리가 하나님의 음성을 듣고 사는 것도 수영을 배우는 것과 같다는 생각을 합니다. 우리가 먼저 주님을 알고 그분의 뜻으로 살아가기 위해서는 자신이 가지고 있는 통제권, 이를테면 인생의 철학, 계획들, 멋진 생각들을 내려 놓을 때 가능하게 되는 것이라는 것이죠. 하지만 이게 어렵습니다.

대부분의 경우 우리가 주님 앞에 나아갈 때는 우리가 해야 할 일, 하고 싶은 일들, 꼭 필요한 일들의 목록을 꽉꽉 채워 가지고 주님 앞에 나아가는 겁니다. 그리고 주님께 "댓고요. 일단 이거부터 해결해 주십시오" 하는 겁니다. 그러니 주님을 음성을 듣고 있지만 '이건 아닐 거야' 하는 것이구요. 우리가 원하는 답을 들을 때까지 줄기차게 '이건 아니야' 하는 것이고, 결국 '주님은 나에게 말씀하지 않으신다'라는 결론에 도달하게 되는 것이죠.

하지만 주님은 우리에게 말씀하십니다. 단지 우리가 듣지 못하고 있을 뿐, 그러므로 우리가 주님의 음성을 듣기 위해서는 지금 우리가 가지고 있는 우리의 소원 목록을 지우고 백지를 만들어야 합니다. 그리고 우리가 만든 백지 위에 주님이 쓰시게 해야 하는 겁니다. '백지를 만드는 일', 우리가 주님을 온전히 누리기(?) 위한 첫 번째 작업입니다.

#90
염치없어도 됩니다

> 하나님께서 택하신 사람들을, 누가 감히 고발하겠습니까? 의롭다 하시는 분이 하나님이신데, 누가 감히 그들을 정죄하겠습니까? 그리스도 예수는 죽으셨지만 오히려 살아나셔서 하나님의 오른쪽에 계시며, 우리를 위하여 대신 간구하여 주십니다(롬 8:33-34, 새번역).

'염치'라는 단어가 있습니다. '체면과 부끄러움을 아는 마음'이라는 뜻이고, '염치 불고하고', '염치 없다' 정도로 사용합니다. 그런데 대부분의 우리나라 사람들은 염치가 없다기보다는 염치가 지나쳐서 문제입니다. 특별히 그리스도인의 경우가 더 그런 것 같은데, 그 경향이 점점 더 강해지는 것 같습니다.

가장 대표적인 경우가 '죄'의 문제에서 그렇습니다. 성경은 우리에게 분명하게 '예수 그리스도의 십자가와 부활'의 능력으로 우리 죄가 용서받았다고 선포하고 있습니다. 우리 역시 그 사실을 분명히 알고 믿고 있습니다. 우리가 스스로에게, 그리고 세상을 향해 우리가 그리스도인임을 당당하게 이야기할 수 있는 이유입니다.

하지만 조금만 개인적으로 들어가면 달라집니다. 한마디로 그리스도인들 모두가 죄에서 자유로운 것은 알겠는데 이것을 스스로에게 적용할 때는 제대로 적용하지 못하고 있는 겁니다. 그냥 자신에 대해서는 자신이 없는 겁니다. 분명 성경은 우리가 그리스도의 십자가의 능력으로 죄 용서 받은 사람이라고 말씀하고 있는 것을 알지만 실제 자신의 모습, 자신이 살아가는 모습을 보면서 의문을 품을 수밖에 없게 되는 겁니다.

자신이 기대하는 그리스도인의 삶의 모습과 실제 자신이 살아가는 모습의 차이가 너무 크기 때문에 죄에서 자유로워졌다는 사실을 받아들일 수 없는 겁니다. 그냥 눈 딱 감고 그래도 난 죄에서 자유로운 하나님의 자녀라고 말하지 못하며 그런 자신에게 의문을 가지게 되는 겁니다. 염치가 지나치게 많은 겁니다.

그런데 우리가 알아야 할 것이 있습니다. 우리가 그리스도인임을 증명해 주는 것은 단 하나라는 것입니다. 바로 하나님의 말씀입니다. 우리가 세상에서 살아가는 모습, 말씀과는 너무나 멀리 떨어져 있는 것 같은 우리의 모습을 보며 이런 식으로 말하지 않는 것입니다.

"염치 없이 내가 어떻게 그리스도인이라고 할 수 있어?"

"아직 나는 멀었어."

대신 우리는 성경에 기록되어 있는 그 말씀, 하나님이 주신 말씀 그대로 믿어야 합니다. 우리의 살아가는 모습을 보면 조금 염치없이 느껴질 수도 있을 겁니다. 우리의 삶이 우리가 생각하는 올바른 그리스도인의 모습에 많이 못 미칠 수도 있을 겁니다. 하지만 우리가 기준 삼아야 할 것은 우리의 합리적인 이성이나 양심이 아닌 성경에 기록되어 있는 말씀이고, 그 말씀을 통해 우리를 봐야 합니다.

그리스도인은 완성품으로 출발하는 것이 아닙니다. 우리가 비록 죄에서 자유로워졌고, 예수님을 우리의 구세주로 영접하여 하나님의 자녀가 되었지만, 단지 그것뿐입니다. 죄인에서 그리스도인으로 신분의 변화일 뿐입니다. 일종의 새로운 출발점, 그리스도인으로서 새로운 삶으로의 출발선에 서 있는 것입니다. 그러니까 실패하는 것은 당연한 것이고, 넘어지는 것 역시 자연스러운 것입니다.

하지만 넘어지고 실패한다고 해도 우리는 하나님의 자녀로서 실패하고 넘어지는 것입니다. 이제 출발했으니 당연한 것입니다. 모든 것이 시간이 걸리고, 그동안은 계속 실수할 수밖에 없으니까요. 하지만 그렇다고 포기할 수는 없는 것이지요. 지금은 실패하고 넘어져도, 그것이 우리의 본래 모습이 아니며, 우리는 언제가, 주님 앞에 설 때 온전한 그리스도인이 되어 있을 것이니까요.

그러니 당당해지는 겁니다. 염치 없어도 되는 겁니다. 우리는 그냥 하나님이 우리에게 주신 말씀을 붙들고 오늘 하루를 자신 있게 하나님의 자녀로서 살아가면 되는 겁니다

> 누가 능히 하나님께서 택하신 자들을 고발하리요 의롭다 하신 이는 하나님이시니 누가 정죄하리요 … (롬 8:33-34).

#91
언제까지 애굽

> 이스라엘 자손 온 회중이 그 광야에서 모세와 아론을 원망하여 이스라엘 자손이 그들에게 이르되 우리가 애굽 땅에서 고기 가마 곁에 앉아 있던 때와 떡을 배불리 먹던 때에 여호와의 손에 죽었더라면 좋았을 것을 너희가 이 광야로 우리를 인도해 내어 이 온 회중이 주려 죽게 하는도다(출 16:2-3).

우리에게 애굽은 대체 어디일까요?
왜 항상 애굽을 그리워하는 하는 걸까요?
이스라엘은 항상 애굽을 찾았습니다. 아브라함이 그랬고, 이삭이 그랬습니다. 야곱과 그의 아들들은 아예 애굽에 터를 잡고 눌러앉아 버렸습니다. 하지만 애굽은 이스라엘에게 축복의 땅이 아니었습니다. 오히려 이스라엘에게는 종살이를 해야 했던 땅이었습니다.

그런데 이스라엘 백성들, 자신들이 종살이했던 지긋지긋한 땅이 애굽일텐데, 그들은 자신들의 길이 험할 때마다, 어렵고 힘들 때마다 애굽을 그리워합니다. 모세의 감언이설, "젖과 꿀이 흐르는 땅"을 찾는다고 고기 가마에 고기가 넘치는 애굽을 떠난 것을 후회하고 다시 돌아가고 싶어 합니다.

그런데 대체 애굽이 이스라엘에게 어떤 곳이기에 그들은 그곳을 잊지 못하고 힘들고 어려울 때마다 다시 돌아가고자 하는 걸까요?

사실 애굽은 이스라엘에게 좋은 곳, 이상적인 곳이 아닙니다. 이스라엘에게 애굽은 고된 노동과 그로 인한 눈물의 부르짖음이 있는 땅이었습니다. 누구도 그들의 소리를 들어주지 않는 땅, 그래서 이스라엘은 대답없는 하늘을 향해 눈물로 울부짖을 수밖에 없는 그런 땅(출 2:23-24)이었습니다.

그런데 이스라엘은 고통의 땅, 자신의 의지로는 조금도 살 수 없었던 그 땅을 그리워하고 있는 겁니다.

왜냐구요?

이전의 고통이 아무리 컸어도 현실의 고통만은 못하기 때문입니다. 그래도 이전에는 어떻게 어떻게 살아 냈지만 지금은 죽을 것 같으니까, 이전에는 그래도 살던 대로 살아가면 되었지만 지금은 전혀 다른 환경, 어떻게 살아야 하는지 예측하지 못하는, 어떤 계획도 세울 수 없는 곳이기에 다시 익숙한 땅을 생각하는 겁니다. 이스라엘이 애굽을 그리워하는 이유입니다.

그렇다면 우리에게 애굽은 어디일까요?

아니 어떤 곳일까요?

아마 어떤 이에게는 지금 있는 곳이 바로 애굽일 수 있습니다. 지금 자신이 가나안(오직 주님만 바라보고 살아야 하는 땅)을 향해 한 발 내디뎌야 하는 것을 알지만, 뭉그적거리고 있는 사람들, 물론 이유가 다 있을 겁니다.

스스로 출발 준비를 하고 있으며 이제 가장 적당한 때를 기다리고 있다고 위로하며 계속해서 망설이고 있는 이들, 그들에게는 지금 그들이 있는 바로 그곳이 애굽일 것입니다. 또 어떤 이, 길을 나서기는 했지만 중간에 좋은 곳에 뿌리내리기를 선택한 사람, 이만하며 되었다고 생각하는 사람들, 조금 더 구체적으로 생각한다면 수입의 십일조를 드렸으니 되었다고 생각하고, 내 인생의 십일조를 드렸으니 이제 그만 해도 된다고 스스로에게 합리적인 이유를 갖다 붙이는 사람들, 뭐 대충 그런 사람들이 머물러 있는 곳이 애굽일 거라는 생각을 합니다.

그런데 우리가 지금 애굽에 있든 그렇지 않든 그렇게 중요한 것은 아닌 것 같습니다. 중요한 것은 우리가 머무는 곳이 어디이건, 하나님이 당신의 때(이스라엘에게는 400년이 걸렸던)에 이스라엘을 가나안, 오직 하나님만 보고 살아갈 수밖에 없는 땅으로 옮기셨듯이 바로 그 하나님이 우리로 하여금 하나님의 자리, 오직 그분만 보고 살아갈 수밖에 없는 그 자리로 우리를 옮기실 것이라는 것, 우리가 이곳에 머물러야 하는 수없이 많은 이유에도 불구하고 우리 주님이 우리를 들어 가나안으로 옮겨 가게 하실 것이라는 것입니다.

#92
주님을 아는 지식

> 그러나 무엇이든지 내게 유익하던 것을 내가 그리스도를 위하여 다 해로 여길 뿐더러 또한 모든 것을 해로 여김은 내 주 그리스도 예수를 아는 지식이 가장 고상하기 때문이라 내가 그를 위하여 모든 것을 잃어버리고 배설물로 여김은 그리스도를 얻고 그 안에서 발견되려 함이니(빌 3:7-9).

"내가 왜 이러고 살고 있을까?"

나이 50이 되면서 주변에서, 그리고 제 안에서 새롭게 들리는 소리입니다. 주님이 우리를 이 땅에 보내 주실 때 분명 우리에게 사명을 주셨을 것입니다.

그런데 우리는?

물론 지금껏 열심히 살았습니다. 우리가 사람들이 말하는 성공을 했든 그렇지 않든 우리는 최선을 다했고, 포기하지 않았습니다. 그런데 그 결과가 신통치 않습니다. 어린 시절에는 꿈이 있었지만, 꿈은 사라진 지 오래되었습니다. 그렇다고 무엇인가 새롭게 시작하기에는 너무 늦어 버렸습니다.

그냥 이대로 살다가 죽게 될 것 같은데 과연 이대로 괜찮은 것일까요?

사도 바울을 생각해 봅니다. 우리가 알듯이 사도 바울은 최고의 사람입니다. 그는 좋은 집안을 배경으로 둔 덕에 태어나면서부터 로마 시민권을 가지고 태어났습니다. 자라면서는 최고의 교육을 받을 수 있는 기회를 얻었고, 덕분에 젊은 나이에 예루살렘의 높으신 분들의 눈에 들 수 있었습니다. 우리 식으로 말한다면 차세대 주자 중에서 선두주자가 된 것입니다.

그런데 어느 날 그는 자신의 진로를 바꿉니다. 그리스도인들을 잡으러 다메섹으로 가다가 그만 예수님을 만나 버린 것이고, 이후 그의 삶은 이전 자신의 삶과는 전혀 다른 방향으로 결정되었습니다.

그런데 바울은 당당했습니다. 왜냐하면, 사도 바울은 자신이 이 땅에 온 이유, 하나님이 자신을 이 땅에 보내신 이유를 분명히 알았기 때문입니다. 그리고 그것은 바로 "그리스도를 아는 일"입니다.

이전에 사도 바울, 그의 삶의 전성기였을 때 그는 유명인으로 살아갔습니다. 그리고 그대로만 살아간다면 이스라엘의 최고의 자리는 그의 몫이 되었을 것입니다. 하지만 사도 바울은 하나님이 자신을 이 땅에 보내신 이유가 그러한 삶에 있지 않다는 것을 알았고, 그래서 기꺼이 그 삶은 내려 놓은 것입니다. 그리고 그가 선택한 삶은 복음 전도자의 거친 삶, 모든 이들의 냉대는 기본이고, 자신의 목숨까지 내어놓아야 하는 삶을 기꺼이 선택한 것입니다. 왜냐하면, 사도 바울에게 있어 그 삶이 그리스도를 온전히 알아 갈 수 있는 유일한 삶이었기 때문입니다.

우리가 지금 어떤 모습으로 살아가는 것과는 상관없습니다. 우리가 우리의 어린 시절의 꿈을 이루고 살아가고 있는지 그렇지 않은지, 우리가 지금 얼마나 많은 부를 이루며 살아가고 있는지 그렇지 않은지는 중요하지 않습니다. 우리가 지금 어떤 일을 하고 있는지도 역시 고려 대상이 될 수 없습니다. 왜냐하면, 우리 주님이 우리를 이 땅에 보내신 이유는 다른 데 있기 때문입니다. 바로 우리가 이 땅을 살면서 우리 주님을 아는 것, 그것이 바로 주님이 우리를 이 땅에 보내 주신 이유이기 때문입니다.

그러니 우리가 지금 그리스도를 우리 주님으로 알고 있다면, 그리하여 우리가 매일의 삶에서 우리 주님을 더 많이 알아 가고 있다면, 우리는 그것으로 충분한 것입니다. 하나님이 우리를 이 땅에 보내신 이유가 우리로 하여금 그리스도를 알게 하시기 위해서였고, 나머지는 다 부수적인 것들이기 때문입니다.

#93
흘러가는 대로 살기

> 믿음으로 아브라함은 부르심을 받았을 때에 순종하여 장래의 유업으로 받을 땅에 나아갈새 갈 바를 알지 못하고 나아갔으며(히 11:8).

미국에서 아르바이트로 목수 보조 일을 할 때 오래된 건물을 부수는 일을 했습니다. 오래된 건물을 부술 때면 반드시 만나게 되는 고약한 놈이 있습니다. 그 건물만큼이나 오래되고 삭아 버린, 나무 깊숙이 박혀 있는 못입니다. 그런 못을 뽑기 위해서는 한 가지 방법밖에는 없습니다. 뽑힐 때까지 열심히 좌우로 흔드는 겁니다.

캐나다에서 들어온 후 저는 하나님의 부르심 앞에 '안정'이라는 단어를 붙들고 있었습니다. 그래서 이렇게 기도하고 있었습니다.

"하나님이 부르시는 곳에 서겠습니다. 하지만 최소한 우리 가정이 안정적인 생활, 더 정확히 말해서 아내가 일을 하지 않아도 기본적인 생활을 할 수 있는 곳이었으면 합니다."

그런데 하나님은 지난 한 달간 저를 열심히 흔들고 계십니다. 제가 들고 있던 최소한의 조건, '안정'이라는 단어를 내려놓게 하려고 하시는지 모르겠지만, 아무튼 열심히 흔들리는 중입니다.

"하나님 제 나이 이제 오십입니다. 그런데 또 다시 모험을 하라구요?"

하나님께 반문했지만, 사실 지금까지 그렇게 살아왔습니다. 다시 말해서 '안정'이라는 단어를 사용할 수 있었던 삶이 별로 없었습니다. 그래서 이제는 좀 안정적인 곳으로 부르셨으면 하는데 하나님은 그렇지 않으신 것 같습니다. 저를 이곳에서 빼내려고 하시는지 모르겠지만, 일단 흔들고 계시는 것은 분명한 것 같습니다.

그런데 답이 안 나옵니다. 아직 어느 곳으로 부르실지 모르지만, 벌써부터 어떻게 살아갈지를 생각하면 답이 없습니다. 사실 조금 믿음이 없기는 한 것 같습니다. 지금까지도 그렇게 잘 살아왔고, 믿음으로 사는 것, 하나님의 은혜로 살고, 하나님의 채워 주심으로 살아가는 삶을 경험했으면서도 다시 그런 삶(?)은 솔직히 자신이 없는 겁니다. 그래서 피하고 싶은데 하나님은 내려놓으라고 하시고, 저는 답이 안 나오고, 지금은 그런 상황입니다.

그런데 하나의 생각이 스쳐지나갑니다.

'어차피 답이 안 나오는 거, 어디 한번 흘러가는 대로 내버려 두자. 그러면 어딘가로 흘러갈 테니 그냥 한번 몸을 맡겨 보자. 아직 일어나지 않은 일을 염려하고 걱정하지 말고 그냥 흘러가는 대로, 아니 하나님이 이끌어 가시는 대로 몸을 맡기는 거다. 그러면 어디로든 흘러갈 것이고, 또 어딘가에 뿌리를 내리고 살아가겠지.'

대충 이런 생각인데, 제가 정말 그럴 수 있을지 모르겠습니다. 하지만 일단 한번 흘러가는 대로 맡겨 보려고 합니다. 어차피 제게는 없는 답, 하나님은 가지고 계실 테니까요.

#93. 흘러가는 대로 살기

갈대상자에는
방향 키도 없고
돛도 없고 엔진도 없습니다
하나님이 이끄시는 대로
맡겨 봅시다

#94
다시 둘째 아들로

> 맏아들은 밭에 있다가 돌아와 집에 가까이 왔을 때에 풍악과 춤추는 소리를 듣고 한 종을 불러 이 무슨 일인가 물은대 대답하되 당신의 동생이 돌아왔으매 당신의 아버지가 건강한 그를 다시 맞아들이게 됨으로 인하여 살진 송아지를 잡았나이다 하니 그가 노하여 들어가고자 하지 아니하거늘(눅 15:25-28).

처음 주님을 알았을 때, 아니 정확히 말해서 주님을 처음 만났을 때는 모든 것이 감사였습니다. 예전 찬송가 가사처럼 "벌레만도 못한 죄인"이었던 우리가 주님을 만났고, 그분이 우리 죄로 인해 십자가에 못 박히시고, 부활하셨음을 가슴으로 알았을 때 모든 것이 감사였고, 감격이었습니다. 그냥 좋았습니다. 주님을 알아 가는 것도 좋았고, 하나님의 자녀로서 모든 걱정을 맡기고 살아가는 것, 주님이 알아서 다 해 주실 것이라는 믿음이 있기에 모든 순간이 행복했습니다.

예수 믿는 것 자체가 가장 큰 축복이라는 것을 매일 매일 경험했습니다. 물론 가끔 '이렇게 좋아도 될까?'라는 의문이 들기도 했지만 그래도 매 순간 주님을 알아 가는 것이 삶의 기쁨이 되었습니다. 한마디로 모든 것이 은혜였고, 모든 것이 감사였습니다. 그때 분명 우리는 둘째 아들이었습니다.

하지만 어느 순간 모든 것이 당연하다고 느껴지기 시작했습니다. 아마 예수님을 알고, 예수 믿는 일에 익숙해지면서부터였을 겁니다. 주일이면 당연히 교회 갈 준비를 했습니다. 머리는 필요 없었습니다. 몸이 알아서 했습니다. 그렇게 주일은 교회에 가는 날이 되었습니다. 수입의 십 분의 일은 주님의 것이 되었고, 매일의 말씀은 우리를 살리는 양식이 되었습니다. 밥을 먹기 전에는 우리도 모르게 눈이 감기며 기도가 나왔고, 입에서는 어느 순간부터 "주여"라는 단어가 붙어 있었습니다. 예수 믿고 사는데 익숙해진 겁니다.

그런데 그때부터였습니다. 이전에는 모든 것이 감사였고, 은혜였습니다. 주님 안에서 우리는 은혜로 살아가는 사람이었습니다. 하지만 어느 순간부터 우리보다 다른 이들을 더 많이 보이기 시작했습니다. 사실 우리가 가진 것은 볼 필요가 없었던 겁니다. 당연히 우리 것이었고, 그러니 그것들에 대한 감사는 사라진 겁니다.

한마디로 은혜로 살아간다는 기초적인 사실을 잊어버린 것입니다. 너무 오래 누리고 살아서 원래 우리 것이라고 믿게 된 것이죠. 그러면서 다른 이들이 눈에 들어오기 시작한 겁니다. 우리는 수고하고 애쓰며 살아가는데 저들은 너무도 쉽게 우리가 얻지 못한 것을 얻고 살아가는 것 같습니다. 하나님이 불공평해 보입니다. 우리는 충분히 자격이 있는데 오히려 그렇지 못한 사람들이 더 잘 사는 것처럼 보입니다. 우리도 모르는 사이에 우리는 첫째 아들이 되어 있었던 겁니다.

다시 둘째 아들로 돌아가야 합니다. 우리가 잃어버린 것, 우리가 가진 작은 것 하나에도 감사하고 기뻐했던 그 시절, 모든 것이 하나님의 은혜임을 고백하던 그때, 그 마음을 회복해야 합니다. "누가 얼마나 가지고 있다"가 아니라 우리가 가진 것, 하나님으로부터 온 모든 것에 감사하는 그 마음을 회복해야 하는 겁니다. 그리고 그 회복은 누군가 향해 있는 우리의 눈이 우리 자신으로 되돌리는 것으로부터입니다. 그리하여 지금 우리가 가지고 있는 것, 너무 익숙해지고 당연해져서 가지고 있는 것조차 잊어버린 것들을 다시 돌아봄으로써, 그리고 그것들 하나하나가 하나님의 은혜임을 알고, 그에 대해 감사함을 찾아내는 것으로부터일 겁니다.

#95
우리를 주님께 향하게 하는 소리

빌립은 안드레와 베드로와 한 동네 벳새다 사람이라 빌립이 나다나엘을 찾아 이르되 모세가 율법에 기록하였고 여러 선지자가 기록한 그이를 우리가 만났으니 요셉의 아들 나사렛 예수니라 나다나엘이 이르되 나사렛에서 무슨 선한 것이 날 수 있느냐 빌립이 이르되 와서 보라 하니라(요 1:44-46).

"교회 갈 시간이다."

어머니의 소리입니다. 어린 시절, 친구들과 한참 야구의 재미에 빠져 있던 저에게 들려오는 가장 듣고 싶지 않은 소리였습니다. 하지만 못들은 체할 수 없었습니다. 어머니가 찾아오셨고, 교회에 가야 하는 시간이 된 겁니다. 당연히 저의 입에서는 불평이 쏟아집니다.

"친구들은 다 놀고 있는데 왜 나만 교회에 가야 하지?

그것도 주일 오후까지?"

하지만 알고 있습니다. 어머니께는 타협이 없었습니다. 무슨 일이 있어도 교회는 가야 한다는 것이 어머니의 철칙이었고, 어리고 힘이 없던 저는 그런 어머니의 규칙에 따라 살아가야 했으니까요.

공을 내려 놓고 놀이의 중심에서 밖으로 걸어 나옵니다. 친구들은 한참 재미있는 놀이를 하고 있는데 갑자기 중단하고 나가버리는 저를 보며 얼굴 한가득 불만을 실어 보냅니다. 다 같이 놀다가 너만 어떻게 혼자 빠져나가느냐고, 그것도 중간에 나갈 수 있느냐는 겁니다. 하지만 놀이를 그만두고 나와야 하는 저 역시 불만이기는 마찬가지입니다.

저의 불만은 어머니를 향한 불만이고, 교회를 향하는 불만입니다. 하지만 세월이 흘렀고, 이제 뒤돌아보면, 주일 오후 저에게 들린 소리, "교회 갈 시간이다"는 저로 하여금 하나님을 알아 가게 하는 소리가 되었고, 그 소리들이 모여 지금의 저를 하나님 자녀로 설 수 있도록 한 것입니다.

나다나엘에게는 다른 소리가 들렸습니다. 빌립으로부터였습니다. 빌립은 선지지가 예언했던 바로 그 사람, 나사렛 사람 예수를 만났다고 합니다. 예수님에 대한 소개였습니다. 하지만 나다나엘은 빌립의 말을 들어줄 마음이 없었습니다. 어쩌면 그냥 무시하고 싶었는지도 모릅니다.

사실 위대한 스승의 이야기는 처음이 아닙니다. 아주 오래전부터 메시아가 나타났다고 하고, 또 위대한 선지자가 나타났다는 소문을 가끔 들을 수 있었습니다. 그런데 지금까지 모든 소문의 주인공은 이스라엘이 기다리는 사람이 아니었습니다. 그래서 나다나엘은 빌립의 말을 듣고 시큰둥한 겁니다.

"나사렛에 무슨 선한 것이 날 수 있겠냐?

그냥 발 씻고 잠이나 자라."

뭐 대충 이 정도의 핀잔을 한 겁니다.

그런데 빌립이 포기하지 않습니다. 약간 화를 내는 것 같기도 하고, 어쨌든 한 소리합니다.

"됐고, 그냥 와서 봐!"

이 소리는 나다나엘을 예수님께로 나아오게 하는 소리가 되었습니다.

우리를 주님께로 부르는 소리는 반가운 소리가 아닙니다. 한참 놀이에 빠져 있는 열 살 꼬마에게 놀이를 중단하라는 소리이고, 친구들과 더 이상 놀지 못한다는 소리입니다.

나다나엘에게도 역시 반가운 소리가 아니었던 것 같습니다. 별로 알고 싶지 않고, 또 관심 가는 일도 아니었던 겁니다. "나사렛에 무슨 선한 것이 나겠느냐"는 빈정거림이 나오게 하는 소리였습니다. 하지만 40년 전 열 살 꼬마에게도, 2000년 전 벳세다의 나다나엘에게도 결코 환영받지 못했던 바로 그 소리가 열 살 꼬마를, 그리고 나다나엘을 살리는 소리가 되었습니다. 그리고 그 소리는 오늘의 우리에게도 동일하게 들리는 소리이고, 우리가 오늘을 살아가며 들어야 하는 소리입니다.

#96
말씀
한 구절

> 가인이 여호와 앞을 떠나서 에덴 동쪽 놋 땅에 거주하더니 아내와 동침하매 그가 임신하여 에녹을 낳은지라 가인이 성을 쌓고 그의 아들의 이름으로 성을 이름하여 에녹이라 하니라(창 4:16-17).

가인이 성을 쌓았습니다. 인류 최초의 성입니다.
그런데 왜 가인은 성을 쌓아야 했을까요?
두려워서였을 겁니다. 자신이 동생 아벨을 죽인 것처럼 자신도 누군가에게 죽임을 당할지 모른다는 두려움이 가인으로 하여금 성을 쌓도록 한 겁니다.
그런데 높은 성을 쌓고 그 안에 있는 가인은 안전함을 느꼈을까요?
그렇지 않은 것 같습니다. 아니 사실 가인의 안전은 가인이 성을 쌓든, 그렇지 않든 문제되지 않았습니다. 이미 하나님이 가인의 생명을 보존하실 거라는 약속을 하셨기에 가인은 이미 안전한 상태였습니다.

> 여호와께서 그에게 이르시되 그렇지 아니하다 가인을 죽이는 자는 벌을 칠 배나 받으리라 하시고 가인에게 표를 주사 그를 만나는 모든 사람에게서 죽임을 면하게 하시니라(창 4:15).

가인은 이미 안전합니다. 하나님이 가인의 안전을 보장하는 표를 주셨기 때문입니다. 가인이 하나님이 주신 표를 가졌기에 이제 어느 누구도 위협이 되지 못했고, 또 그를 해할 수 없었습니다.

하지만 가인은 그 무엇보다 확실한 안전보장의 증표를 하나님으로부터 받고도 그 말씀을 온전히 믿지 못한 겁니다. 다시 말해 하나님 말씀으로 부족했던 겁니다. 하나님 말씀, 눈에 보이지 않는 그 말씀, 하나님이 주신 표(NIV 성경에는 a mark)가 어떤 종류의 표인지는 정확하지 않지만, 표 딱지 하나 달랑 가지고는 신뢰가 가지 않았던 겁니다. 가인에게는 더 확실한 것, 눈에 보이는 그 무엇이 필요했던 거고, 그것이 바로 가인이 쌓은 성, 그가 "에녹"이라고 이름 붙인 성이었던 겁니다.

그런데 여기서 한 번 생각해 볼 것이 있습니다.

자신을 위한 성을 쌓아 "에녹"이라 부르며 그 안에 들어간 가인이 두려움으로부터 자유로워질 수 있었을까요?

그 어디에도 없었던 높은 성이 그에게 안전함을 가져다주었을까요?

물론 어느 정도 안전함을 가져다주었을지 모릅니다. 하지만 공짜는 아니었을 겁니다. 우리가 알듯이 성을 쌓으면 그것으로 끝이 아닙니다. 성안에서 안전한 생활을 위해서는 성을 지키는 자가 필요하고, 이를 유지하기 위해 수없이 많은 노력이 필요한 겁니다. 가인은 두려움에서 자신을 보호하기 위해서 성을 쌓았고, 다시 누군가 성벽을 넘을지 모른다는 두려움 속에서 뜬 눈으로 밤을 보내야 했을 겁니다. 그러니 가인은 결코 두려움으로부터 자유로워지지 못했을 겁니다. 가인이 성을 쌓고 그 안에서 살아가야 했던 이유였습니다.

우리는 하나님의 약속을 믿고 살아가야 하는 사람들입니다. 우리의 안전은 가인이 쌓은 높은 성벽에서 오는 것이 아닌 하나님이 주시는 "표", 하나님이 주시는 말씀 한 줄에서 나오는 것입니다. 하지만 우리의 현실은 우리에게 눈에 보이지 않는 하나님의 약속이 아닌 눈에 보이는 확실한 무엇인가를 요구하고 있습니다. 당장의 어려움을 해결해 줄 수 있는 비단 주머니(?)가 있어야 한다고 생각하는 겁니다.

하지만 우리가 바라봐야 하는 것은 우리가 우리를 위해서 높게 쌓아 올린 성벽이 아닙니다. 왜냐하면, 우리는 눈에 보이는 것으로 사는 사람들이 아니기 때문입니다. 우리는 하나님의 말씀으로 살아가는 사람들이기 때문입니다. 그러기에 오늘을 살아가는 우리에게 필요한 것은 바로 주님이 우리에게 주시는 말씀, 그 말씀 한 구절에 있는 것입니다.

#97
예수님이 늦으신 이유

> 어떤 병자가 있으니 이는 마리아와 그 자매 마르다의 마을 베다니에 사는 나사로라 이 마리아는 향유를 주께 붓고 머리털로 주의 발을 닦던 자요 병든 나사로는 그의 오라버니더라 이에 그 누이들이 예수께 사람을 보내어 이르되 주여 보시옵소서 사랑하시는 자가 병들었나이다 하니(요 11:1-3).

마리아와 마르다는 마음이 급합니다. 오빠 나사로가 병들어 죽어 가고 있으니까요. 그들은 예수님께 사람을 보냈습니다. 마르다와 마리아 두 자매의 간절한 기도입니다. 하지만 예수님으로부터 소식이 없습니다.

마리아와 마르다는 이해할 수 없습니다. 예수님이 소식을 들으셨다면 가만히 계시지 않으실 텐데 며칠이 지나도 아무 연락도 없습니다. 두 자매는 그 상황이 이해되지 않는 겁니다. 이는 마치 우리가 기도한 후에 "예수님이 살아 계시다면 우리의 기도에 응답해 주실 것이다"라고 믿는 것과 같은 마음인 것입니다.

예수님은 끝내 오시지 않았고, 결국 나사로는 죽어 버렸습니다. 이제 예수님은 필요 없습니다. 예수님을 간절히 기다렸던 것은 예수님이 오빠의 병을 고쳐 주실 것이라는 믿음이 있었기 때문이었습니다. 하지만 오빠가 죽어 버렸습니다. 이제 예수님이 오셔도 소용없어졌고, 그러니 예수님은 더 이상 필요하지 않게 된 겁니다. 이제는 예수님에 대한 기다림이 아닌 주어진 현실을 감당해야 하는 시간입니다. 오빠를 보내야 하는 시간, 온전히 두 자매가 스스로 감당해야 하는 일만 남은 겁니다.

그때 예수님이 오셨습니다. 하지만 별 감흥이 없습니다. 예수님이 필요 없어졌기 때문입니다. 정작 간절히 원할 때는 안 오시더니 필요 없는데 나타나신 겁니다. 마르다가 한마디 합니다.

> 주께서 여기 계셨더라면 내 오라버니가 죽지 아니하였겠나이다(요 11:21).

돌려 말하기는 했지만 당신 필요 없다는 뜻입니다. 오빠도 죽은 마당에 뭐하러 오셨냐는 겁니다. 그런데 예수님은 달랐습니다. 예수님은 하셔야 하는 일이 있었고, 그것이 아무도 당신을 원하는 사람이 없는 그 자리를 기꺼이 찾으신 이유입니다.

우리는 우리의 계획, 우리의 시간 속에 하나님이 계시기를 원합니다. 우리가 하나님을 적절한 때에 사용하기를 원하는 겁니다. 물론 의도적으로 그렇게 하지는 않지만 결과적으로 우리는 많은 경우 하나님을 일종의 수단으로 생각하고 있는 겁니다. 하지만 이런 태도는 앞뒤가 바뀌어 있는 겁니다.

하나님이 우리의 뜻을 이루기 위해 존재하시는 것이 아니라, 우리가 하나님의 뜻에 사용되어져야 하는 것입니다. 우리의 마음이 급할 때, 우리의 상황이 안 좋을 때, 아니 완전히 망하는 순간에도 우리가 하나님을 신뢰하며 기도해야 하는 이유입니다. 왜냐하면, 그 자리가 바로 "나사로가 일어나는 자리", 하나님의 일하심이 우리에게 드러나는 자리이기 때문입니다. 우리의 기다림이 끝난 자리가 주님의 기적이 드러나는 자리입니다.

#98
유혹을 넘어서기

그 때에 예수께서 성령에게 이끌리어 마귀에게 시험을 받으러 광야로 가사 사십 일을 밤낮으로 금식하신 후에 주리신지라 (마 4:1-2).

오래전에 봤던 영화 〈반지의 제왕〉, 워낙 인상이 강렬했기에 지금도 잊혀지지 않는 영화입니다. 영화는 절대반지, 절대 권력을 향한 각자의 한 없는 욕망에 대한 이야기였습니다. 어떤 이들은 노골적으로 절대반지를 노리고 있었고, 다른 이들은 절대반지를 파괴하려고 하면서도 스스로가 점점 절대반지의 유혹에 무너져 가는 것으로 묘사하고 있었습니다.

그런데 영화를 보면서 느꼈던 것은 대부분의 등장 인물이 절대반지의 유혹에 한 번씩은 흔들린다는 겁니다. 심지어 절대반지를 들고 무려 3년 동안 (총 3부가 3년 동안 상영되었으니) 잘 버텼던 주인공 '프로도' 역시 마지막 순간 절대반지의 유혹에 거의 무너질 뻔합니다.

유혹이란 그래서 무서운 겁니다. 처음에는 아무것도 아닌 것 같아도 계속해서 노출되어 있으면 우리도 모르는 사이에 차곡차곡 쌓이고 결국 어느 시점, 유혹의 무게가 충분히 쌓일 때쯤 그 대상을 무너뜨리는 것이 유혹인 겁니다. 그래서 사람들은 아예 유혹에 노출될 기회를 갖지 않아야 한다고 말하며 스스로를 세상으로부터 고립시키는 사람들이 있습니다.

하지만 우리가 살아가는 세상 속에서 유혹의 인자로부터 완전히 자유로울 수 없습니다. 어떤 방식으로라도 우리는 세상과 접촉하며 살아가야 하고, 그곳에는 반드시 유혹의 인자들이 존재하는 거니까요. 그리고 혹 세상에서 완전히 자신을 고립시킨다고 해도 유혹에서 자유로울 수 없을 겁니다. 왜냐하면, 우리가 유혹에 노출되는 자리는 세상이 아닌 우리 마음의 자리이기 때문입니다. 우리가 우리 안에 유혹의 자리를 만들고, 그 안에서 넘어지는 것이 바로 유혹의 무서움입니다.

그렇다면 유혹에 대해 우리가 어떻게 대응해야 할까요?

예수님이 광야로 가신 것에서 그 힌트를 찾을 수 있습니다. 마태복음 3장에서 침례 요한에게 침례를 받으신 예수님은 바로 4장에서 광야로 향하셨습니다. 성경은 분명하게 기록하고 있습니다.

> 그 때에 예수께서 성령에게 이끌리어 마귀에게 시험을 받으러 광야로 가사 (마 4:1).

그런데 이건 우리 상식에 맞지 않는 겁니다. 우리는 유혹에 대응하는 가장 최고의 방법은 접촉면을 줄이는 것, 어떻게 해서든지 유혹의 인자를 피하는 것이라고 알고 있는데 예수님은 반대로 행동하시는 겁니다. 예수님은 기꺼이 유혹의 자리에 찾아가 자신을 큰 유혹에 노출시키셨습니다. 그 이유는 유혹에서 자유로워지시기 위함입니다.

우리는 유혹을 피하는 것이 유혹을 이기는 것이라고 믿지만 사실 유혹은 피할 수 있는 종류가 아닙니다. 유혹은 넘어서야 하는 겁니다. 우리 자신이 유혹의 자리에 노출되는 순간, 그 유혹에 한없이 흔들리는 자신을 보면서, 마음으로는 거의 항복하는 바로 그 순간, 하나님의 말씀을 기억해 내고 우리 입술로 고백함으로써 넘어가는 것이 바로 우리가 유혹에 대처할 수 있는 유일한 길입니다.

> 사람이 떡으로만 살 것이 아니요 하나님의 입으로부터 나오는 모든 말씀으로 살 것이라 (마 4:4).

그렇게 우리가 하나님의 말씀으로 유혹의 소리에 맞섬으로써 우리에게 들리는 세상의 소리는 점점 작아지고 우리를 향하신 하나님의 소리는 더 선명하게 들리게 됩니다. 그리고 이것이 바로 우리가 세상에서 들려오는 소리에 정면으로 맞서야 하는 이유입니다.

#99
소금으로 살아가기

> 너희는 세상의 소금이니 소금이 만일 그 맛을 잃으면 무엇으로 짜게 하리요 후에는 아무 쓸 데 없어 다만 밖에 버려져 사람에게 밟힐 뿐이니라(마 5:13).

얼마 전 열무김치를 담갔습니다. 열무가 너무 좋아서 일단 구입해 놓았는데 한번 도전해 본 겁니다. 그런데 열무를 소금에 절인 후 열무를 물로 씻어 주는 과정을 생략했습니다. 열무 사이에 남아 있던 굵은 소금이 보였지만 무시하고 다음 단계로 나아간 겁니다. 그냥 귀찮아서였습니다. 어쨌든 김치는 완성되었고, 나름 김치맛(?)도 그럴듯해서 며칠을 먹었습니다.

하지만 시간이 지나면서 조금씩 문제가 드러나기 시작했습니다. 김치가 조금씩 짜지기 시작하더니 일주일이 지나고는 입을 댈 수 없을 정도가 되어 버렸습니다. 소금이 문제였던 겁니다. 녹지 않고 그대로 남아 있던 굵은 소금이 서서히 녹으면서 처음에는 먹을만 했던 김치를 완전히 망쳐 버린 거고, 이제 버려야 하는 지경이 된 겁니다.

우리 그리스도인들, 성경은 우리에게 세상의 소금이 되어야 한다고 합니다. 우리가 세상에서 살아가면서 소금으로서 맛을 잃지 않아야 쓸모 있는 존재라는 말입니다. 우리는 그 말씀대로 세상의 소금이 되기 위해 최선을 다해 살아오고 있습니다. 실제 세상에서 소금으로서 존재해 오고 있습니다. 그런데 문제는 우리가 세상에서 여전히 녹지 않고 굵은 소금 알갱이로 남아 있는 경우입니다.

그러면 어떻게 될까요?

우리는 어떤 모습으로 살아가게 될까요?

제 머릿속에 떠오르는 모습은 예수님 반대편에 서 있던 바리새인입니다. 우리가 알고 있듯이 당시 바리새인들은 율법을 해석해 주고 삶에 적용해 주는 사람들이었습니다. 당시 유대 사회에 반드시 필요한 사람들이었습니다. 하지만 문제는 그들이 너무 엄격했다는 겁니다.

율법과 세상을 연결해 주어야 하는 사람들이 율법만을 바라보며 세상은 보지 않았고, 그리하여 그들은 사람들 사이에서 섞여 살지 않았습니다. 바리새인들은 분명 당시 유대 사회에 소금이었지만 녹지 않은 굵은 소금이었던 겁니다.

그렇다면 우리가 세상의 소금으로 살아간다는 것은 무슨 의미일까요?

저는 이에 대한 답으로 "one of them"을 떠올리게 됩니다. 보스턴대학교에서 공부할 때 제 지도교수님이 해 주신 말입니다.

공부를 마치고 한국으로 돌아가기로 결정했다는 저의 말을 들으시고 교수님은 저에게 "the good man"이 아닌 "one of them"으로 살아 보라는 말씀을 해 주셨습니다. 쉽게 말해서 목사라고 잘난 체하지 말고 교인들을 존중하며 그들로부터 배우며 함께 살아 보라는 말이었습니다.

그렇습니다. 우리는 세상의 소금입니다. 하지만 이제는 "세상의 소금되기"에만 머물러서는 안 됩니다. 이제 우리는 세상에서 녹지 않는 굵은 소금 알갱이가 아닌 녹아 없어져 음식의 맛을 제대로 내는 소금의 역할을 해야 하는 겁니다.

#100
하루 시작을 기도로

나의 반석이시요 구원자이신 주님, 내 입의 말과 내 마음의 생각이 언제나 주님의 마음에 들기를 바랍니다(시 19:14).

어린 시절 어머님의 잔소리(?)가 지금의 제 삶에 남아 있는 흔적이 여러 곳에 있습니다. 그중 하나가 기도에 대한 것입니다.

어머니는 늘 아침에 일어나면 제일 먼저 무릎꿇고 기도해야 한다고 말씀하셨는데 저에게는 하신 말씀 또 하시고 또 하시는 귀찮은 소리였을 뿐이었습니다. 그래서 그 소리는 그냥 잔소리였고, 한 귀로 듣고 한 귀로 흘리는 말이 되었습니다. 하지만 그 잔소리, 귀에 피가 날 정도로 들었던 그 잔소리가 저도 모르게 제 삶에 자리를 잡았습니다. 그래서 저의 하루의 첫 시작은 기도였습니다.

하지만 언제부터인가 아마 40대가 되면서부터 저의 아침기도가 사라지기 시작했습니다. 어머니의 잔소리 효과가 떨어진 것인지는 모르겠지만, 아무튼 40대 어느 순간부터 기도가 아닌 다른 것들이 저의 아침 처음에 자리 잡기 시작했습니다. 바로 핸드폰입니다.

이제는 아침에 일어나는 순간, 저의 첫 번째 행동은 머리맡에 둔 핸드폰을 찾는 일, 눈도 제대로 뜨지 못한 채 핸드폰을 열고 페이스북을 확인하고, 카카오톡을 보고, 스포츠 기사를 훑어보는 일이 되었습니다. 당연히 저의 아침기도는 밀려났고, 건너뛰게 되었고, 이제는 거의 사라져 버렸습니다.

그런데 오늘 다시 어머니의 잔소리(?)가 기억났습니다. 목사님의 설교를 듣는 중에 "첫 생각"이라는 단어에서였습니다. 첫 번째 생각, 하루를 시작하는 처음 생각을 주님의 말씀으로 채우는 것이 중요하다는 말씀이었는데, 저에게는 그 말씀이 아침기도, "아침에 일어나서 제일 먼저 기도를 드리라"는 어머니의 잔소리를 생각나게 했습니다.

사실 하루의 시작을 기도로 한다고 해서 그날 하루가 특별해지지는 않습니다. 하지만 특별해지지 않아도 괜찮습니다. 저에게는 하루를 기도로 시작한다는 것 자체가 의미 있는 일이었고 감사하는 일이 되었었습니다. 그리고 그 기도가 조금씩 세상을 향하는 저를 잡아 다시 주님께로 향하게 하는 일종의 나침판 같은 역할을 해 주었습니다.

그래서 이제 다시 시작해야겠습니다. 핸드폰으로 향하던 저의 마음, 저의 손길이 다시 주님으로 향하도록, 그리하여 저의 첫 번째 생각이, 저의 첫 번째 행동이 주님께 드리는 기도가 되고, 저의 첫 번째 말이 주님의 말씀이 되게 해야겠습니다. 그래야 주님의 마음에 들 테니까요.

주님은 매일 아침 나를 기다리신다

나는 매일 아침 주님을 기다리시게 한다